Philippine Welser

kleine bayerische biografien

herausgegeben von
Thomas Götz

KARIN SCHNEIDER-FERBER

Philippine Welser

Die schöne Augsburgerin im Hause Habsburg

Verlag Friedrich Pustet
Regensburg

kleine bayerische biografien

Biografien machen Vergangenheit lebendig: Keine andere literarische Gattung verbindet so anschaulich den Menschen mit seiner Zeit, das Besondere mit dem Allgemeinen, das Bedingte mit dem Bedingendem. So ist Lesen Lernen und Vergnügen zugleich.
Dafür sind gut 100 Seiten genug – also ein Wochenende, eine längere Bahnfahrt, zwei Nachmittage im Café. Wobei klein nicht leichtgewichtig heißt: Die Autoren sind Fachleute, die wissenschaftlich Fundiertes auch für den verständlich machen, der zwar allgemein interessiert, aber nicht speziell vorgebildet ist.
Bayern ist von nahezu einzigartiger Vielfalt: Seinen großen Geschichtslandschaften Altbayern, Franken und Schwaben eignen unverwechselbares Profil und historische Tiefenschärfe. Sie prägten ihre Menschen – und wurden geprägt durch die Männer und Frauen, um die es hier geht: Herrscher und Gelehrte, Politiker und Künstler, Geistliche und Unternehmer – und andere mehr.
Das wollen die KLEINEN BAYERISCHEN BIOGRAFIEN: Bekannte Personen neu beleuchten, die unbekannten (wieder) entdecken – und alle zur Diskussion um eine zeitgemäße regionale Identität im Jahrhundert fortschreitender Globalisierung stellen. Eine Aufgabe mit Zukunft.

DR. THOMAS GÖTZ, Herausgeber der Buchreihe, geboren 1965, lehrt Neuere und Neueste Geschichte an der Universität Regensburg. Veröffentlichungen zu Stadt und Bürgertum in der Neuzeit.

Inhalt

Einleitung: Eine gesichtslose Schöne

Das Entzücken war groß, als Erzbischof Perrenot de Granvelles die kleine Silbermünze mit dem Abbild eines gefälligen Frauenprofils in Händen hielt. Wie »schön« Philippine Welser, die Tochter eines Augsburger Patriziers, doch sei, schrieb der Kanzler Kaiser Karls V. begeistert in einem Brief an den Bildhauer und Erzgießer Leone Leoni, der das Wachsmodell für den Guss der Münze 1551 in Augsburg hergestellt hatte. »Bella Felipina«, die »schöne Philippine«, tritt hier zum ersten Mal aus dem archivalischen Dunkel in das etwas hellere Licht der geschichtlichen Überlieferung.

Doch trotz ihrer gerühmten Schönheit weiß man über die prominente Tochter aus dem Handelshaus der Welser nur sehr wenig. Ihre Heirat mit Erzherzog Ferdinand II. von Tirol verdammte sie zu einem Leben im Verborgenen, denn der kaiserliche Schwiegervater gebot die strenge Geheimhaltung der unstandesgemäßen Ehe. Kein Briefwechsel, kein Tagebuch, keine zeitgenössische Biografie geben Auskunft über ihre Befindlichkeiten, Träume und Wünsche. Selbst ihr Markenzeichen – ihre Schönheit – lässt sich nicht wirklich bestätigen. Die meisten ihrer Porträts sind spätere Zuschreibungen, die keine gesicherten Schlüsse zulassen.

So gehört es zu den Merkwürdigkeiten der Geschichte, dass ausgerechnet die »schöne Philippine« bis ins reife Alter ›gesichtslos‹ bleibt. Eines der wenigen authentischen Bilder zeigt sie auf ihrem Totenbett mit blassem Antlitz und gefalteten Händen – Sanftmütigkeit und inneren Frieden ausstrahlend.

Ob Philippine Welser »schön« nach heutigen ästhetischen Gesichtspunkten war, muss dahingestellt bleiben. Eine bemerkenswerte Persönlichkeit war sie in jedem Fall. Anders wäre die Heirat einer Bürgerlichen mit dem Sohn des römisch-deutschen Königs und Kaisers – nach den Maßstäben des 16. Jahrhunderts ein handfester Skandal – nicht zu erklären. Dass die Welserin nicht wie viele andere bürgerliche Frauen als Konkubine und ewige Mätresse endete, sondern eine rechtmäßige Ehe mit dem Kaisersohn Ferdinand eingehen konnte, lässt sich letztlich nur mit ihrem anziehenden Wesen erklären, das sich jedoch kaum aus sprödem Aktenmaterial offenbart. Um das Leben dieser Frau nachzuzeichnen, muss man die spärlichen Quellen wie Mosaiksteinchen aneinanderfügen und erhält doch kein vollständiges Bild. Philippine bleibt im Hintergrund – die äußeren Stationen ihrer Biografie verraten aber ein Leben zwischen Hoffen und Bangen.

1 Das Geheimnis einer großen Liebe

DIE HEIMLICHE HEIRAT 1557

Nicht einmal das genaue Datum ist bekannt: Irgendwann an einem kalten Januartag des Jahres 1557 schritt ein ungewöhnliches Paar zur Tat. In der Burgkapelle von Bresnitz in Böhmen gaben sich die fast 30-jährige Philippine und der zwei Jahre jüngere Ferdinand unter Beisein der Schlossherrin Katharina von Loxan, Philippines Tante, das Jawort. Der Beichtvater des Erzherzogs, Johann von Cavalerii, segnete die Ehe ein, die damit kirchenrechtliche Gültigkeit besaß. Die Zeremonie fiel denkbar schlicht aus. Weder die Verwandten des Paares noch der Hofstaat oder eine nennenswerte Anzahl von Freunden und Bekannten waren zugegen. Alles, was eine fürstliche Hochzeit ausmachte – Tafelfreuden, Musik, Tanz, reiche Hochzeitsgeschenke –, entfiel. Die Frischverliebten feierten den ›schönsten Tag ihres Lebens‹ in überaus großer Heimlichkeit. Fernab der Metropole Prag, in der Ferdinand offiziell als Statthalter von Böhmen residierte, vollzog sich der Schlussakkord einer leidenschaftlichen Liebe in tiefster Abgeschiedenheit der ländlichen Idylle von Bresnitz. Nur wenige Vertraute – die Tante Katharina von Loxan, ihr Sohn Ferdinand, der in Bresnitz als Burghauptmann amtierte, und ihre Tochter Katharina – wussten um die heimliche Ehe. Dass die Trauung eines Kaisersohnes – noch dazu eines Mannes, der als Gastgeber rauschender Feste weithin bekannt und beliebt war – völlig ohne höfisches Zeremoniell über die Bühne ging, zeigt, welch gesellschaftlicher Fauxpas mit der unstandesgemäßen Beziehung verbunden war. Der Zorn des königlichen Vaters und Schwiegervaters Ferdinand I., dessen Zustimmung man nicht eingeholt hatte und der ganz andere dynastische Verbindungen für seinen Sohn geplant hatte, war abzusehen. Die Liebe des Paares überwog jedoch die Furcht vor der gesellschaftlichen Ächtung.

Dass die Nachwelt überhaupt von der Ehe erfuhr, ist nur ganz wenigen Dokumenten geschuldet, die Jahre nach der

Trauung entstanden. Zunächst musste das Paar 1559 vor Kaiser Ferdinand I., der von den Umtrieben in Bresnitz Wind bekommen hatte, Abbitte leisten und die ewige Geheimhaltung der Ehe versprechen (s. S. 60), um die väterliche Gunst wiederzuerlangen. Ferdinand ließ zwar Milde walten, versuchte aber, die rechtlichen Folgen der Ehe abzufedern, indem er Bestimmungen zur Erbfolge der Kinder und zur Witwenversorgung Philippines erließ. Ausführlicher berichtet eine Urkunde von 1576 über die Eheschließung, die die legitime Abkunft des ältesten Sohnes des Paares, Andreas, nachweisen sollte, als dieser sich um die Kardinalswürde bemühte. Der Erzherzog und seine Gattin bestätigten darin mit ihrer Unterschrift, im Januar 1557 vor dem Priester Cavalerii eine vollgültige Ehe eingegangen zu sein. Doch mehr als der trockene Sachverhalt einer Eheschließung ist den Dokumenten nicht zu entnehmen. Über Ängste und Sorgen des Paares in dieser Zeit lässt sich nur spekulieren.

TRAUMPAAR DES 16. JAHRHUNDERTS?

Ferdinand und Philippine – ein Traumpaar der Geschichte? Für die spätere Legendenbildung war die große Liebe zwischen dem Habsburger und der Bürgerstochter natürlich der gegebene Ansatzpunkt. In der Zeit der Romantik sprossen die rührseligen Anekdoten über das Paar nur so aus dem Boden. Dabei verschwammen die Grenze vom historisch Gesicherten zum verklärten Mythos zusehends. Doch selbst wenn man sich vor Übertreibungen hütet und die nüchterne Sprache der Quellen anerkennt, kommt man um ein gewisses Erstaunen nicht herum, das die Beziehung der beiden ungleichen Partner unweigerlich begleitet: Ferdinand und Philippine entstammten unterschiedlichen Welten – hier der Habsburger Hof mit seinen hochfliegenden Machtansprüchen, den fürstlichen Privilegien und exquisiten Vergnügungen, dort die Lebenswelt des städtischen Bürgertums, geprägt von Handel und Gewerbe, von bodenständiger Sparsamkeit und kaufmännischem Wagemut.

Es lassen sich allerdings auch Überschneidungen zwischen den sozialen Lebensräumen ausmachen; insbesondere in Metropolen wie Augsburg, wo Politik und Hochfinanz zusammen-

Bildnis einer Erzherzogin (Philippine Welser zugeschrieben). – Süddeutscher Maler, um 1557

kamen, ergaben sich viele Schnittmengen. Wirtschaftlich potente Familien wie die Welser verkehrten bereits lange vor Philippines Geburt mit Kaisern und Königen aus dem Hause Habsburg. Die Städte boten sich als Schauplätze für Reichstage, Festbankette und Turniere geradezu an und der Hochadel griff auf ihre Ressourcen bereitwillig zurück. Dass sich hier junge Menschen aus Adel und Großbürgertum begegneten, konnte nicht ausbleiben. Ungewöhnlich blieb dennoch eine offizielle Eheschließung zwischen ihnen, zumal wenn einer der Partner aus einer hochadligen Dynastie stammte. Obwohl es im 16. Jahrhundert auch Beispiele für morganatische Verbindungen, also Ehen standesungleicher Partner gab, dauerte es noch sehr lange, bis der Hochadel seine Heiratspolitik öffnete und auch Bürgerliche als gleichrangige Partner akzeptierte.

Doch vollkommen ausschließen konnte man den ›Betriebsunfall‹ Liebe auch nicht – umso weniger, als in der Renaissance die Lust am Leben neu erwachte. So betrachtet man Philippine und Ferdinand am besten im Kontext ihrer Zeit, um das Ungewöhnliche ihrer Beziehung zu begreifen. Der Braut sei dabei der Vortritt zugestanden: Philippines Welt ist die Welt der mächtigen Reichsstadt Augsburg, in der die städtische Oberschicht genauso gerne tanzt, schlemmt und feiert wie der Adel an den Höfen. Danach folgt der Mann des Herzens, der als Angehöriger einer der führenden Dynastien Europas zunächst die besten Aussichten hat, durch eine günstige Heirat einen Königsthron zu ergattern, bis das Schicksal ihn in andere Bahnen lenkt.

2 Philippines Welt

AUGSBURG ALS STADT DER REICHSTAGE UND DER REFORMATION

Die Bühne, die Philippines Heimatstadt Augsburg einem wohlhabenden Mädchen aus der Oberschicht bot, hätte glänzender nicht ausfallen können. Die schwäbische Metropole mit römischen Wurzeln blickte auf eine lange und ehrwürdige Geschichte zurück und zählte mit einer stattlichen Einwohnerschaft von etwa 35 000 Menschen zu den größten Städten des Reiches. Das 16. Jahrhundert begann für die Stadt zwischen Lech und Wertach unter äußerst günstigen Vorzeichen. Steigendes Handelsvolumen und Kapitalakkumulation machten sie für die Träger der Macht, die römisch-deutschen Könige und Kaiser, zunehmend attraktiv. Seit 1316 Freie Reichsstadt und damit ohnehin in enger Beziehung zum König als einzigem Stadtherrn stehend, gelang es der wirtschaftlich blühenden Metropole mit Hilfe kapitalkräftiger Bürger, die Kontakte zu den stets klammen Kaisern aus dem Hause Habsburg zu intensivieren. Nur allzu gerne griffen die gekrönten Häupter auf die großzügigen Kredite reicher Augsburger Handelsherren zurück.

Die enge Symbiose von Kapital und Politik drückte sich nicht zuletzt in einer zunehmenden Präsenz der Kaiser innerhalb der Augsburger Stadtmauern aus. Einer, der das Metropolenleben in vollen Zügen genoss, war Kaiser Maximilian I., der gleich 17 Mal in Augsburg weilte, dabei Logis in den Häusern seiner diversen Bankiers nahm und schließlich mit dem Meutingschen Hause in der Nähe der Heilig-Kreuz-Kirche eine eigene Wohnstätte in der Stadt erwarb. Maximilian erntete für seine Neigung zum Großstadtleben den Spottnamen »Bürgermeister von Augsburg«. Sein Enkel und Nachfolger Karl V., dessen Wahl 1519 zum römisch-deutschen König von Augsburger Kapital abhängig gewesen war, setzte die guten Beziehungen zum Zentrum der Hochfinanz weiter fort und holte immer wieder die hohe Politik hinter die Stadtmauern. Wegen seiner verkehrsgünstigen Lage zu den Alpenpässen eignete sich Augsburg nämlich hervorragend als Versammlungsplatz international bedeutender ›Gipfeltreffen‹. Zwischen 1500 und 1550 fanden sieben Reichstage in Augsburg statt, darunter gerade die für die Geschichte der Reformation bedeutsamsten. Die zahlreich dafür anreisenden Gäste rückten Augsburg ins Zentrum der öffentlichen Aufmerksamkeit. Zum Reichstag von 1518 kamen neben dem Kaiser alle Kurfürsten, 51 Bischöfe und 23 weltliche Fürsten nebst Gefolge in die Stadt.

Die Reichstage, die Versammlungen der Reichsstände unter Vorsitz des Kaisers, berieten über die brisanten Themen der Tagespolitik, so die Steuerbewilligung zur Kriegsfinanzierung oder religiöse Kontroversen. Der »Thesenanschlag« Martin Luthers 1517 in Wittenberg hatte nicht nur die Reichspolitik, sondern auch das religiöse Leben Augsburgs gehörig durcheinander gewirbelt. Als Wirtschaftsmetropole war die Stadt gleichzeitig ein führendes Kommunikationszentrum, das mit zahlreichen Offizinen die reformatorischen Schriften verbreiten half. Nach Wittenberg war Augsburg der bedeutendste Druckort lutherischer Schriften; allein zwischen 1518 und 1530 sind 457 Drucke nachgewiesen. Im Oktober 1518 musste sich Luther im Anschluss an den in Augsburg tagenden Reichstag vor Kardinal Cajetan rechtfertigen und überstürzt aus der Stadt fliehen, um seiner Verhaftung wegen Häresie zuvorzukommen. Rasch schlossen sich weite Kreise der Bevölkerung, vor allem jene, die im Stadtregiment unterrepräsentiert waren, der Reformation an. Verschiedene Bewegungen, darunter auch die im ganzen Reich verfolgten Täufer, fanden Zulauf in der Stadt.

Für Augsburg gingen diese bewegten Jahre mit einer spannungsgeladenen Atmosphäre einher, denn während ein großer Teil der Bevölkerung mit der Reformation sympathisierte, achteten die vornehmen Geschlechter, die die Stadtpolitik bestimmten, peinlich genau darauf, es sich mit den katholischen Habsburgern nicht zu verderben. Geschäft war schließlich Geschäft, ganz unabhängig von der persönlichen religiösen Einstellung. Daher öffnete sich Augsburg erst spät, in den Jahren 1534/37, der Reformation und schloss sich – sehr zum Zorn

Kaiser Karls V. – auch dem militärischen Verteidigungsbündnis der Protestanten, dem Schmalkaldischen Bund, an. Erst 1555 gelang mit dem Abschluss des Augsburger Religionsfriedens, der den Lutheranern die reichsrechtliche Anerkennung verschaffte, ein Ausgleich. Denn nach 1555 durften beide Konfessionen gleichberechtigt und nebeneinander in der Stadt ihr religiöses Leben pflegen.

So präsentierte sich Augsburg in der ersten Hälfte des 16. Jahrhunderts als eine für das Reichsgeschehen bedeutsame, im Innern aufgewühlte Metropole mit gleichzeitig internationalem Flair. Wer hier aufwuchs, bewegte sich an einem der Brennpunkte der Zeit und konnte sich nur schwerlich den politischen und religiösen Fragen entziehen. Von provinzieller Abgeschiedenheit und biedermeierlicher Idylle weit entfernt, bot Augsburg ein Leben am Puls der Zeit, das keinen Angehörigen der städtischen Oberschicht unberührt ließ.

HANDEL UND WIRTSCHAFTLICHE BEDEUTUNG DER STADT

Die Quellen des Reichtums und damit der machtpolitischen Bedeutung lagen für Augsburg von jeher in Handel und Gewerbe. Schon im Hochmittelalter begannen ortsansässige Kaufleute ihre Fühler auf überregionale Märkte auszustrecken und Beziehungen zu den jenseits der Alpen gelegenen Regionen zu knüpfen. Vor allem *ein* Import-Produkt verhalf der Augsburger Wirtschaft dabei auf die Sprünge: die über Venedig aus dem Orient eingeführte Baumwolle. Die Augsburger Weber kombinierten an ihren Webstühlen die geschmeidige Baumwollfaser mit dem etwas steiferen, aus heimischer Rohstoffproduktion stammenden Leinfaden und schufen so ein ebenso preiswertes wie angenehm zu tragendes Mischgewebe, den Barchent. Dieser wurde für Augsburg der Stoff, aus dem die kühnsten Träume gewoben wurden. Denn seit dem ausgehenden 14. Jahrhundert, nachdem die Pestwellen die gewerblichen Strukturen in Italien, Frankreich und England nachhaltig geschädigt hatten, sprang die Nachfrage nach qualitativ hochwertigen Textilien an und beflügelte damit die oberdeutsche Produktion.

Die verkehrsmäßig günstige Lage Augsburgs zwischen Alpenpässen, Flachsanbaugebieten und wichtigen Handelsrouten nach Norden kam dem Aufschwung zusätzlich zugute. Während sich die Weber zur zahlenmäßig stärksten Zunft entwickelten, profitierten auch die textilverarbeitenden Gewerbe wie Schneider oder Färber von dem Wirtschaftsboom. Seit den 1470er-Jahren stieg das Augsburger Steueraufkommen zur Freude der Ratsherren fast jährlich um über 3 % an. Das Gesamtanschlagvermögen aller steuerzahlender Bürger wuchs von ca. 700 000 Gulden im Jahr 1466 auf ca. 3,8 Mio. Gulden im Jahr 1516 an, hatte sich also in 50 Jahren mehr als verfünffacht. In der Weberzunft saßen bereits im Jahr 1428 30 Mitglieder, die ein stattliches Vermögen von mindestens 1000 Gulden besaßen. Im 16. Jahrhundert stieg schließlich die jährliche Produktionsmenge auf 2,5 Mio. Barchenttuche an.

Der Reichtum war jedoch äußerst ungleich verteilt. Die größten Einkommen verzeichneten jene, die nicht mehr selbst am Webstuhl saßen, sondern in den Baumwollhandel einstiegen und abhängige Weber für sich arbeiten ließen. Man nannte sie Verleger, weil sie den begehrten Rohstoff und die für dessen Verarbeitung notwendigen Werkzeuge zur Verfügung stellten, also »vorlegten«, und erst nach Abschluss des Produktionsprozesses vom abhängigen Weber feste Tuchmengen zu festgelegten Endpreisen abnahmen. Die Gewinnspannen, die zwischen Rohstoffeinkauf und Verkauf des Endproduktes lagen, waren beträchtlich und kamen allein dem Verleger zugute, der aufgrund seiner Marktpräsenz die Möglichkeit hatte, den Lohn seiner abhängigen Weber zu drücken. Wer also den Mut aufbrachte, in die Ferne zu ziehen, hatte die besten Chancen, wirtschaftlich aufzusteigen. Aber nicht nur der Textilhandel versprach hohe Gewinne. Der Montansektor lockte ebenfalls mit lohnenden Renditen, sofern man bereit war, an den Stätten der Erzvorkommen in Tirol, Ungarn, Siebenbürgen und andernorts präsent zu sein. Da dies nur über örtliche Vertretungen und angestellte Mittelsmänner gelingen konnte, wandelte sich der ursprünglich in der Form einer ›Ich-AG‹ tätige Kaufmann mittelalterlicher Tradition zum renditeorientierten

Unternehmer frühneuzeitlichen Zuschnitts. Der hohe Kapitalbedarf, den ein weitverzweigtes Handelsnetz und ein Engagement im Montansektor erzwangen, war für die Handelsfamilien nur noch durch den Einsatz fremden Geldes zu decken. Es lag daher nahe, an einen Einstieg ins Finanzgeschäft zu denken, fremdes Geld anzunehmen und zu investieren, andererseits Kapital gegen Zinsen wieder auszuleihen. Doch nur einer kleinen Minderheit unter den Augsburger Kaufleuten gelang dieser Sprung in ein ebenso risikoreiches wie gewinnträchtiges Geschäftsfeld. Vor allem zwei Familien schälten sich als ›Platzhirsche‹ heraus: die Fugger und die Welser.

So war es mit der sozialen Ausgewogenheit in Augsburg nicht weit her, vielmehr prägten krasse Einkommensgegensätze die Stadtbevölkerung. Einer hauchdünnen, märchenhaft reichen Oberschicht, die überdies noch den Ton in der Stadtpolitik angab, stand ein großes Heer an Armen und Vermögenslosen gegenüber. Etwa 5 % der Bevölkerung besaßen über 80 % aller Vermögenswerte. Nirgendwo ging die Schere zwischen Arm und Reich so weit auseinander wie in Augsburg. Die Lebenswelten der einzelnen Bevölkerungsschichten unterschieden sich daher wie Tag und Nacht. Während sich die führenden Geschlechter, die man in Anlehnung an antike Tradition Patrizier nannte, in ihrer Genussfreude stark dem Adel annäherten, fristeten die Tagelöhner, Dienstmägde, Knechte und Handwerksgesellen ein prekäres Dasein, das durch jede unvorhergesehen eintretende Teuerung gefährdet war – ganz zu schweigen von den Bettlern und Wohnsitzlosen, die im Dunkel des engen Altstadtgassengewirrs ums Überleben kämpften.

Mit ihnen hatte Philippine Welser nichts zu schaffen: Sie entstammte einer Familie der Oberschicht, deren Wertvorstellungen und Lebensstil sich stark am Adel orientierte. Der Aufstieg in den Niederadel durch Einheirat, Landbesitz und vom Kaiser gebilligte Nobilitierung lag für diese Schicht der Superreichen durchaus in greifbarer Nähe, nicht jedoch das Vorrücken in die Reihen des Hochadels: Dieser elitäre Kreis blieb unter sich und wahrte seine Distanz nach unten durch eine restriktive Heiratspolitik.

DIE FAMILIE WELSER UND IHRE STELLUNG IM STADTGEFÜGE

Keine Frage – die Welser gehörten zu den einflussreichsten und wirtschaftlich potentesten Familien Augsburgs. Anders als die Fugger, die erst 1367 aus dem Umland zugewandert waren, zählten sie zu den alteingesessenen Geschlechtern, die schon seit dem 14. Jahrhundert der politischen Führungsschicht der Stadt angehörten. Grundlage ihrer unternehmerischen Tätigkeit war der Handel mit Baumwolle und Barchent, wodurch die Beziehungen zu Italien, insbesondere zu Venedig, in den Vordergrund traten. 1422 erwarb Bartholomäus III. Welser ein repräsentatives Wohnhaus an der heutigen Karolinenstraße/Ecke Karlstraße, das fortan als Firmenzentrale diente und nach einem Umbau 1540 mit der Einbeziehung der Leonhardskapelle sogar über eine eigene stattliche Hauskapelle verfügte. Diese ist bis heute zu sehen, da sie nach den Zerstörungen des Zweiten Weltkriegs ins Senioratsgebäude der Fuggerei integriert wurde.

Die Welser bauten Zug um Zug ihre Handelstätigkeit aus. Neben Venedig bildeten Frankfurt, Ulm, Nördlingen und Nürnberg die Eckpunkte ihrer Unternehmenstätigkeit; nur 50 Jahre später engagierte sich die Familienfirma auch im sächsischen Bergbau und im Osthandel. Als Glücksfall erwies sich die »Fusion« mit der Memminger Handelsgesellschaft Vöhlin, die 1479 durch die Heirat Anton Welsers mit Katharina Vöhlin zustande kam: Die Familie der Braut brachte ein weitverzweigtes Netz an Handelsniederlassungen sowie hohe Kapitaleinlagen durch einen umfangreichen Teilhaberkreis in die Unternehmensstruktur mit ein, wodurch es der Firma möglich war, in das Darlehens- und Kreditgeschäft einzusteigen. Schon 1508 vergaben die Welser zusammen mit Vertretern anderer Handelshäuser wie der Adler, Fugger, Gossembrot, Hoechstetter und Herwart eine Anleihe an Maximilian I.

Noch entscheidender für die Zukunft war aber der Einstieg Anton Welsers in das »Überseegeschäft«, das sich durch die Entdeckung des Seewegs nach Indien durch Vasco da Gama 1499 eröffnete. Schon 1503 ließ er eine Niederlassung in Lissabon errichten, um sich das einträgliche Geschäft mit Pfeffer

Das Schaezler-Palais in Augsburg an der Stelle des einstigen Geburtshauses der Philippine Welser

und Gewürzen nicht entgehen zu lassen. Ein Jahr später finanzierten die Welser mit dem größten Betrag vor allen anderen Kaufleuten eine Indienfahrt der portugiesischen Krone unter Francisco d'Almeida mit und schickten ihren Vertreter Balthasar Sprenger auf die gefahrvolle Fahrt gen Osten, die erst 1506 beendet war. Von seiner abenteuerlichen Reise brachte Sprenger nicht nur Truhen voller Pfeffer und anderer lukrativer Güter mit, sondern auch einen spannenden Reisebericht mit dem Titel »Merfahrt« (1509), der mit lebendigen Holzschnitten nach Vorlagen des Augsburger Künstlers Hans Burgkmaier illustriert war. Sprengers Beschreibung der Pfefferpflanze und ihrer Ernte gab den Lesern in der Heimat erstmals eine Vorstellung, wie es in weit entfernten Gebieten aussah, die man selbst nie erreichen konnte. Ein Hauch von Exotik und Abenteuerfieber durchwehte die Stadt am Lech.

Das Pfeffergeschäft bescherte den Welsern und allen anderen beteiligten Handelshäusern satte Gewinne. Rund 700 Tonnen Pfeffer trafen in Europa infolge der Direktfahrt nach Indien ein. Bis zu 150 % Reingewinn beflügelten dabei den Wagemut der beteiligten Handelsherrn! Für Anton Welser, der in den ersten Jahrzehnten des 16. Jahrhunderts seine Steuerleistung verfünffachen konnte, war das Anlass genug, dieses Geschäftsfeld weiter auszubauen. Sein Faktor Lukas Rem, mütterlicherseits ein Welserspross, in Venedig ausgebildet und sprachgewandt, besorgte für ihn die Abwicklung der Handelsgeschäfte in Lissabon, die nicht mehr nur Pfeffer, sondern auch Safran, Elfenbein, Baumwolle, Feigen, verschiedene Metalle und flämisches Tuch umfassten. Auch in Antwerpen, dem größten Umschlagplatz für mitteleuropäische und überseeische Produkte, waren die Welser dauerhaft präsent. Als Anton Welser 1518 starb, hinterließ er seinen Erben einen ausbaufähigen Konzern. Von seinen vier Söhnen zeigte jedoch nur einer ein Format, das dem seinen gleich kam: Bartholomäus V. Welser, der Onkel Philippines. Er verdrängte bald alle Brüder aus der Unternehmensführung und schwang sich zum alleinigen Geschäftsführer der Familienfirma auf. Unter ihm erreichte das Handelshaus der Welser seinen unbestrittenen Höhepunkt.

DER PATRIARCH: BARTHOLOMÄUS V. WELSER

Wagemutig, entscheidungsfreudig und omnipräsent auf allen wachsenden Märkten – Bartholomäus Welser war der unbestrittene ›Macher‹ in der langen Reihe der Firmenchefs seines Hauses. Von seinem Vater hatte er eine solide kaufmännische Ausbildung an den wichtigsten Handelszentren der Zeit erhalten, in Marseille, Lissabon und Antwerpen. Seine Heirat mit der reichen Kaufmannstochter Felizitas Grander brachte ihm nach dem Tod des Schwiegervaters ein stattliches Zusatz-Vermögen ein. Bartholomäus stieg verstärkt ins Kreditwesen ein und scheute sich auch nicht, das Segment des ›Risikoinvestments‹ zu bedienen. Zu seinen Schuldnern zählten unter anderem die Habsburger und die französische Krone. Durch seine enge Verbindung zu Kaiser Karl V., der gleichzeitig

König von Spanien und damit Herr der neu entdeckten Ländereien in Amerika war, erhielt er 1528 die Statthalterschaft über Venezuela übertragen. Die Welser bekamen den Auftrag, die damals noch kaum erschlossene Nordküste Südamerikas auf eigene Rechnung zu kolonisieren, um den daraus anfallenden finanziellen Nutzen zu ziehen.

Bartholomäus Welser ging ein hohes Risiko ein, als er den Sprung in die Neue Welt wagte und in Coro und Maracaibo zwei feste Stützpunkte errichtete, die er selbst versorgen und verteidigen musste. Dies bedeutete einen hohen und vor allem langfristigen Investitionsbedarf, denn Kolonisten und Bergleute mussten erst angeworben und nach Übersee gebracht werden. Die Entdeckung und Ausbeutung von Bodenschätzen und der Aufbau einer rentablen Plantagenwirtschaft kosteten zusätzlich viel Zeit und Geld. Um das Unternehmen anzukurbeln, bekam Welser von der spanischen Krone das Recht zugestanden, vier Jahre lang jeweils 4000 Sklaven aus Afrika in die neuen Kolonien zu verschleppen und dort gewinnbringend zu verkaufen. Vom Abenteuergeist der Schwaben zeugten die Expeditionen der Gouverneure Ambrosius Alfinger, Nikolaus Federmann und Philipp von Hutten ins Landesinnere, die sich nicht weniger vorgenommen hatten, als das sagenhafte El Dorado mitsamt seinen Goldschätzen zu finden. Rund 20 000 Kilometer legten sie auf ihren Streifzügen zurück, gelangten gar bis zur Hochebene von Bogota, um zu den vermeintlichen Quellen der Reichtümer vorzustoßen – freilich vergeblich. Rund 100 000 Dukaten steckten die Welser in ihre klimatisch schwierige Provinz, die an natürlichen Ressourcen allenfalls Guajakholz, Canafistola oder Brasilholz bot.

Bartholomäus, der nicht den erhofften Gewinn aus seinen Kolonien ziehen konnte, zahlte für das riskante Unterfangen auch persönlich einen hohen Preis: Sein gleichnamiger Sohn wurde 1546 von aufgebrachten Siedlern nach der Rückkehr von einer Expedition erschlagen. Danach kam das Engagement der Welser in Amerika zum Erliegen, 1556 entzog ihnen die spanische Krone die Kolonie endgültig. So blieb als historische Leistung vor allem Nikolaus Federmanns auf Deutsch geschriebener Reisebericht »Indianische Historia« von 1557 der Nachwelt in Erinnerung.

Der Mann an der Unternehmensspitze, der in der stattlichen Firmenzentrale in der Karolinenstraße residierte, war aber nicht nur kaufmännisch tätig, sondern auch um das Gemeinwohl seiner Stadt bemüht. Von 1522 bis 1533 saß Bartholomäus Welser im Rat, von 1548 bis 1555 gehörte er als Geheimer Rat dem oligarchischen Stadtregiment an. Aus den religiösen Querelen seiner Zeit hielt er sich weitestgehend heraus, um Schaden von der Stadt abzuwenden. Unter seinen Kindern fanden sich sowohl Protestanten als auch Katholiken. Stetig mehrte Bartholomäus den Stadtsäckel mit seinen Steuerzahlungen, die von 82 Gulden im Jahr 1522 auf 600 Gulden im Jahr 1550 stiegen. Selbst sein wohlhabender Vater hatte in guten Jahren »nur« 132 Gulden Steuern bezahlt. Mit seiner Frau Felicitas hatte Bartholomäus Welser 17 Kinder. Die Ausbezahlung und Aussteuerung dieser großen Schar schmälerte das Familienvermögen dann doch recht beträchtlich.

Nach dem Tod des »Patriarchen« 1561 konnten seine Erben den Höhenflug der Firma nicht fortsetzen. In den letzten Dekaden des 16. Jahrhunderts setzte ein langer Abstieg ein, hervorgerufen durch Staatsbankrotte und fehlgeschlagene Spekulationsgeschäfte, die 1614 schließlich in den Bankrott der Firma münden sollten. So sticht der Onkel Philippines fast wie ein Solitär aus der Firmengeschichte hervor.

DER »KLEINE« BRUDER DES »GROSSEN« MAGNATEN: FRANZ WELSER

Neben Bartholomäus Welser sah so mancher Augsburger Kaufmann reichlich blass aus. Seine Geschwister standen ebenfalls in seinem überragenden Schatten und konnten neben ihm kaum Kontur gewinnen – so auch der Vater Philippines, Franz Welser. Er war das achte Kind und der jüngste Sohn in der umfangreichen Kinderschar Anton Welsers und Katharina Vöhlins. 13 Jahre Altersunterschied trennten ihn von seinem fähigen Bruder Bartholomäus, der schon auf Grund seiner längeren Lebenserfahrung die ›besseren Karten‹ an der Spitze des

Unternehmens hatte. An den großen unternehmerischen Entscheidungen wie der Kreditvergabe an die Habsburger oder dem Sprung ins Amerikageschäft hatte Franz daher keinen Anteil. Er widmete sich wohl dem Handel mit Leinen und Barchent, sozusagen dem soliden Kerngeschäft der Familie, trat aber nicht mit größeren unternehmerischen Aktionen in Erscheinung. Bei seinen Brüdern lagerte er den nicht allzu hohen Betrag von 2400 Gulden als Depositen ein.

Franz Welser war damit ein wohlhabender, aber keineswegs märchenhaft reicher Mann. Nur für wenige Jahre ist er in den Augsburger Steuerbüchern mit überdurchschnittlichen Steuerbeträgen erwähnt. Vom steigenden Prestige seiner Familie profitierte er indes sehr wohl: Als Kaiser Karl V. im Jahr 1532 den Gebrüdern Welser in Mantua einen erblichen Adels- und Wappenbrief ausstellte und sie zu kaiserlichen Räten ernannte, war Franz ganz selbstverständlich mit von der Partie. Im gleichen Jahr erwarb er einige Häuser in der Heiligkreuzstraße, die er jedoch 1542 wieder an seinen Bruder Bartholomäus verkaufte. Immer häufiger hielt er sich von da an in Ravensburg auf und ließ Frau und Kinder allein in Augsburg zurück. 1563 bat er den Rat der Stadt um Entlassung aus dem Augsburger Bürgerverband mit dem Hinweis, dass er schon lange in Ravensburg lebe, aber immer noch im Bürgerrecht verblieben sei und treu seine Steuern gezahlt habe, da er dachte, er würde zurückkehren. Da dies angesichts seines Gesundheitszustandes ausgeschlossen sei, bitte er um Entlassung aus dem Bürgerrecht. Aus formalen Gründen wurde das Anliegen abgewiesen und erst 1567 bewilligt.

In seinen letzten Lebensjahren lebte Franz Welser ausschließlich in Ravensburg, wo er auch eine außereheliche Affäre hatte, aus der ein Sohn hervorging. Zu seiner eigenen Familie pflegte er nur noch sporadische Kontakte. Sein prominenter Schwiegersohn, Erzherzog Ferdinand, erhob ihn 1567 in den Freiherrnstand, doch der Geehrte hielt Abstand vom Tiroler Hof. Als er 1572 fern seiner Familie in Ravensburg starb, war ein protestantischer Prediger zugegen, was daraufhin weist, dass Franz Welser dem evangelischen Glauben anhing.

Macht und Kapital – Augsburgs große Familien als Finanzmacht

Der einzigartige Reichtum einzelner Kaufmannsfamilien begründete die Stellung der Stadt Augsburg als Zentrum der Hochfinanz. Vor allem die Fugger und Welser betätigten sich in herausragender Weise als Bankiers habsburgischer Kaiser. Die Beziehungen begannen bereits unter Maximilian I. (1459–1519) zu gedeihen, der sich von Augsburger Kaufleuten immer wieder Geld für seine Kriegführung und seinen luxuriösen Lebensstil lieh. Da zu Maximilians Erblanden auch Tirol zählte, das wegen seiner Erzvorkommen geschätzt wurde, eröffneten sich in seiner Person für unternehmungslustige Kapitalgeber eine Reihe machtstrategischer Optionen. Immer wieder mussten die Habsburger Erzminen und Münzstätten an ihre Gläubiger verpfänden, zuweilen vergaben sie auch Adelsbriefe und Herrschaften an ihre bürgerlichen Finanziers.

Bereits 1507 verkaufte Maximilian I. Jakob Fugger »dem Reichen« die Herrschaft Kirchberg-Weißenhorn, 1511 erhob er ihn in den Ritterstand, 1514 ernannte er ihn zum Reichsgrafen. Besonders eng gestalteten sich die Beziehungen zu Maximilians Enkel Karl V., der nur durch das Geld Augsburger Finanziers 1519 zum römisch-deutschen König und Kaiser gewählt werden konnte. Um die Kurfürsten von seiner Kandidatur gegen den französischen König Franz I. zu »überzeugen«, mussten die Habsburger rund 850 000 Gulden aufwenden. Den größten Betrag schossen die Fugger mit 540 000 Gulden vor, die Welser steuerten über 143 333 Gulden bei; den Rest übernahmen italienische Bankiers.

Karl V. »bedankte« sich bei seinen Kreditgebern mit der Aufnahme weiterer Darlehen zur Finanzierung seiner Kriegspolitik, gewährte dafür Zinsen oder verpfändete Pachteinnahmen und Ländereien. Vor allem unterstützte er ihre Position auch politisch in einer Monopolklage

vor dem Reichskammergericht in Speyer, die er 1525 im Sinne der Handelsgesellschaften entschied.
Das lukrative Kreditgeschäft barg jedoch auch seine Risiken, denn die schlechte Zahlungsmoral der Habsburger und anderer fürstlicher Herren war bekannt. Schon 1504 ging ein Familienzweig der Fugger, die Fugger vom Reh, bankrott, weil Kaiser Maximilian I. die Rückzahlung eines Kredits über 9600 Gulden einfach verweigerte und auch die Stadt Löwen nicht als Bürge einsprang. Für Lukas Fugger ein zu hoher Ausfall, um wirtschaftlich überleben zu können. Selbst der sprichwörtlich reichste Verwandte der Linie von der Lilie, Jakob Fugger, geriet in ernsthafte Schwierigkeiten, als der mächtige Fürstbischof von Brixen, Kardinal Melchior von Meckau, 1509 starb und das Brixener Domkapitel die sofortige Herausgabe der bei den Fuggern eingelegten Depositen verlangte – ein horrender Betrag von 150 000 Gulden, der gut die Hälfte des Eigenkapitals der Firma ausmachte. Nur mit Mühe konnte Jakob Fugger die Ausbezahlung hinauszögern. Auch die Welser machten schmerzliche Erfahrungen mit Staatsbankrotten der spanischen und französischen Krone, die ihnen Verluste bescherten. 1614 mussten sie schließlich ebenfalls Konkurs anmelden.
Der Ausbruch des Dreißigjährigen Krieges unterband die auf offene, überregionale Handelswege angewiesene Geschäftstätigkeit privater Handelshäuser für die folgenden Jahrzehnte nochmals nachhaltig. Sichere Betätigungsfelder eröffneten sich für die Mitglieder reicher Kaufmannsfamilien dagegen an fürstlichen Höfen und in den Reihen der Kirche, die zunehmend reizvoller erschienen. Eine solide Ausbildung im Sinne des Humanismus bewirkte oft mehr als der Einsatz von Risikokapital. Schon Anton Fugger (gest. 1560) riet daher seinen Erben, besser eine militärische oder geistliche Karriere anzustreben. Grund- und Immobilienbesitz auf dem Land garantierten überdies den müheloseren Status als Rentier.

3 Philippines Elternhaus

FRANZ WELSER UND ANNA ADLER

Der nur in Maßen begüterte und nicht in der ersten Reihe der Unternehmensführung stehende Franz Welser machte mit seiner Heirat am 25. Juni 1524 eine gute Partie – denn seine Braut Anna Adler entstammte einer reichen, wenn auch erst seit Mitte der 1480er-Jahre aus Speyer zugewanderten Kaufmannsfamilie. Annas Vater Philipp zählte nach Jakob Fugger phasenweise zum größten Steuerzahler der Stadt. Doch trotz ihres außergewöhnlichen Reichtums gehörten die ›Zugereisten‹ nicht dem Kreis der alteingesessenen Augsburger Geschlechterfamilien an, die allein Zutritt zum elitären Versammlungsort der Herrenstube hatten und an den prominenten Geschlechtertänzen teilnehmen durften, die als gesellschaftliche Ereignisse von Rang auch dem Heiratsmarkt dienten. Selbstbewusstsein und ökonomische Bedeutung Philipp Adlers spiegelten sich indes in seinem prunkvollen zwischen 1497 und 1499 errichteten Wohnbau in der Maximilianstraße/Ecke Katharinengasse wider. Dort, wo sich heute der Rokokobau des Schaezlerpalais befindet, stand einst das blockhafte, mit üppigen Wandmalereien verzierte Anwesen der Adler, das als große zusätzliche Besonderheit einen über drei Etagen gehenden Erker mit abschließender Loggia besaß.

Philipp Adler gehörte zum Kreis der Kreditgeber für Maximilian I. und wurde wegen seiner Verdienste zum kaiserlichen Rat ernannt. Er diente zeitweise, erstmalig nachweisbar im Jahr 1500, auch als Quartiergeber für seinen prominenten Schuldner, wenn dieser in Augsburg weilte. Die schmucke Loggia, damals noch ein bauliches Novum für Bürgerhäuser, könnte dazu gedient haben, dem hohen Gast eine standesgemäße Plattform zu bieten, um sich dem Volk zu zeigen und den auf der Maximilianstraße stattfindenden Turnieren beizuwohnen – ganz nach dem Vorbild des »Goldenen Dachls« in Innsbruck. Adler, der trotz der Protektion Maximilians 1496 an der Aufnahme in die Herrenstube scheiterte, wurde erst mit seiner zweiten Heirat mit Anna Ehem »stubenfähig«. So hatte der

›Emporkömmling‹ trotz seiner herausgehobenen wirtschaftlichen Position in der Stadt alle Veranlassung, die Stellung seiner Familie im Stadtgefüge durch günstige Heiraten seiner Kinder zu festigen. Franz Welser, der nachgeborene, aber hoch angesehene Patriziersohn, war von daher ein idealer Heiratskandidat in den Augen Philipp Adlers. Das Arrangement zeigte seine Wirkung: Franz und Anna Adler heirateten. Das Paar zog nach seiner Verehelichung in das Palais in der Maximilianstraße, das nach dem Tod des Besitzers 1532 in die Hände Franz Welsers überging.

Anna Welser im Jahr 1565

Geld und Namen kamen bei der Verbindung der beiden zwar glücklich zusammen, doch war dies keine Garantie für eine erfüllte Ehe. Die häufigen Abwesenheiten Franz' von seiner Familie ab 1542 lassen eher darauf schließen, dass in der Beziehung des Paares nicht alles zum Besten stand. Die Existenz eines außerehelichen Sohnes macht wohl ebenfalls deutlich, dass sich der Familienvater im Verlaufe seiner Ehe anderweitig umgesehen hat. Mit ausschlaggebend für den Dissens unter den Eheleuten mag wohl die Religionsfrage gewesen sein: Während seine Frau und die Kinder katholisch blieben, neigte Franz eher der lutherischen Lehre zu.

Anna Welster gab 1560 ihr Augsburger Bürgerrecht auf, um ganz zu ihrer Tochter Philippine auf die Burg Pürglitz zu ziehen. Da auch Franz Welser zu diesem Zeitpunkt nicht mehr in seiner Heimatstadt lebte, brach die Verbindung dieses Welser-Zweiges zu den schwäbischen Wurzeln ab. Es gibt keine Anzeichen dafür, dass die Augsburger Welser mit ihren ins Haus Habsburg eingeheirateten Verwandten weiter Kontakt hielten.

DIE GEBURT PHILIPPINES 1527

Es ist ein kleiner Anachronismus, dass Philippine als eine der berühmtesten Vertreterinnen des Hauses Welser gar nicht in der ›Familienzentrale‹ an der heutigen Karolinen-/Ecke Karlstraße geboren wurde, sondern im Haus ihres Großvaters mütterlicherseits, im Palais Adler. Irgendwann im Laufe des Jahres 1527 kam die knapp 21-jährige Mutter Anna in den Räumlichkeiten des weitläufigen Wohnhauses mit ihrer zweiten Tochter nieder. Der genaue Geburtstag sowie der Geburtsmonat sind nicht überliefert. Zu diesem Zeitpunkt lebte der Großvater Philipp Adler noch, der bei der Namenswahl für das kleine Mädchen offenbar Pate stand.

Philippine wurde in eine Atmosphäre behaglichen Wohlstandes hineingeboren, der existentielle Nöte nicht mehr kannte. Von ihrer Kindheit ist nichts bekannt, doch wird sie ähnlich wie andere Sprosse der städtischen Oberschicht recht behütet und umsorgt aufgewachsen sein. Die Mutter Anna tritt in den von ihr überlieferten Werken – einem Kochbuch und einem Rezeptbuch – als praktisch veranlagte Frau hervor, der die Gesundheit ihrer Familie am Herzen lag. In ihrem Arzneibuch gab sie eine Vielzahl von Ratschlägen zur Säuglings- und Kinderpflege. Ob Zahnschmerzen, Blähungen, Stillbeschwerden – Anna Welser hatte für jedes Leiden ein Heilmittel parat. Dabei achtete sie peinlich genau auf Sauberkeit, empfahl die Verwendung von sauberen Tüchern und frisch gewaschenem Geschirr für die Zubereitung von Arzneien. Dem leiblichen Wohl ihrer Kinder dürfte diese Achtsamkeit zu Gute gekommen sein. Anna selbst jedenfalls erreichte ein für ihre Zeit hohes Alter. Sie nahm noch mit 65 Jahren an Bergtouren und Armbrustschießen teil und starb erst mit knapp 70 Jahren.

Geschichte eines Hauses:
Das Augsburger Schaezler-Palais

Vom großen spätgotischen Wohn- und Handelshaus der Familie Adler, das einst ganz prominent an der Maximilianstraße lag, ist heute nichts mehr zu sehen. Aus Beschreibungen und alten Stadtplänen wie dem des Wolfgang Kilian von 1626 lässt sich jedoch erahnen, um welch prunkvollen Bau es sich gehandelt haben muss. Philipp Adler hatte aufwendige Wandmalereien an der Außenfassade seines 1497 begonnenen Neubaus in Auftrag gegeben: zur Katharinengasse hin Scheinarchitektur, zur Schauseite an der repräsentativen Maximilianstraße hin üppigen Figurenschmuck. Die Wohnräume des langgestreckten Baus mit großem Innenhof müssen Königen und Kaisern würdig erschienen sein: Nicht nur Maximilian I. logierte hier – Markgraf Kasimir von Brandenburg nutzte den Bau anlässlich seiner Hochzeit mit Susanna von Bayern im August 1518 als standesgemäße Fest-Lokalität, in der er sich vom Hausherrn ein Bankett ausrichten ließ.

Nach dem Tod des Erbauers 1532 wechselte das Anwesen mehrmals den Besitzer. Franz Welser, der es nach dem Tod des Schwiegervaters erbte, behielt es nicht lange. 1557 wurde das Gebäude an die Patrizierfamilie Rehlinger verkauft, später an die Sulzer und 1764 an die von Stetten. Doch erst als 1765 der Bankier Benedikt Adam, seit 1770 Freiherr von Liebert, die traditionsreiche Immobilie erwarb, trat eine entscheidende Wende ein, denn Liebert entschloss sich zu einem kompletten Neubau anstelle des spätgotischen Bürgerhauses. Nach Plänen des Münchner Architekten Karl Lespilliez entstand bis 1770 ein beeindruckendes Rokoko-Palais, dessen Schaufassade bis heute zu den Schmuckstücken der Maximilianstraße zählt. Im Innern überraschte der Bankier seine Gäste mit einem die gesamte Breite des Gebäudes einnehmenden Festsaal mit prächtigen Stukkaturen und Deckengemälde. 365 Kerzen in venezianischen Leuchtern erhellten den Prunksaal am Abend, deren Licht sich in den je sechs großen Spiegeln der Längsseiten widerspiegelte. In diesem fürstengleichen Ambiente verbrachte die junge Erzherzogin Marie Antoinette auf ihrer Brautfahrt nach Paris eine unbeschwerte Ballnacht (1770). Heute ist der im Originalzustand erhaltene Festsaal öffentlich zugänglich – im Rahmen eines Besuchs der Deutschen Barockgalerie, die im Schaezler-Palais untergebracht ist. Seinen Namen erhielt der Stadtpalast nämlich nicht vom Erbauer Liebert, sondern von dessen Schwiegersohn, dem Freiherrn von Schaezler.

DIE GESCHWISTER

Philippine wuchs nicht als Einzelkind auf, sondern im Kreise ihrer älteren Schwester und ihrer zwei Brüder. Da Regina im Geschlechtsbüchlein der Familie Welser vor Philippine genannt wurde, muss sie als die Älteste unter den vier Kindern gelten. Sie kam wohl um 1525/26 zur Welt und heiratete am 23. Oktober 1549 den böhmischen Landadligen Albrecht Liebsteinsky von Kolowrat, dem sie nach Böhmen folgte. Sie gebar ihm zwei Söhne und starb 1554 an den Folgen einer weiteren Geburt. Sie wurde in der Pfarrkirche von Tochowitz nahe Bresnitz in Böhmen begraben.

Die Brüder Karl und Hans Georg, deren Geburt nach Aussagen des Geschlechtsbüchleins in die Zeit von 1528 bis 1530 fiel, stiegen nicht ins Handelsgeschäft ein, sondern profitierten in besonderem Maße vom sozialen Aufstieg ihrer Schwester Philippine. Karl, der 1560 mit seiner Mutter Anna nach Böhmen zog, heiratete auf Vermittlung seines prominenten Schwagers Erzherzog Ferdinand II. die Adlige Eva von Schumburg. Der Erzherzog hatte Karl als einen Mann »adligen Geschlechts, von stattlichen Gütern und gutem Wandel« empfohlen. Die Hochzeit wurde 1561 auf dem Prager Schloss in Gegenwart schlesischer Adliger gefeiert. Karl machte eine typische Hofkarriere: Er bekam 1566 die einträgliche Landvogtei über die vorderösterreichische Markgrafschaft Burgau übertragen, die er allerdings nur schlecht verwaltete, stieg ein Jahr später zum erzherzoglichen Rat auf, wurde danach noch zum Kämmerer, Geheimen Rat und schließlich Oberkämmerer ernannt. In letzterer Eigenschaft übersiedelte er an den Hof in Innsbruck und gab die Vogtei über Burgau auf. Seinen wachsenden Schuldenberg ließ er sich immer wieder von seinem Schwager begleichen. Karl Welser starb am 24. Februar 1587 und wurde in der Innsbrucker Pfarrkirche begraben.

Der jüngste Welserspross Hans Georg trat ebenfalls in die Dienste des großzügigen Erzherzogs. Er war mit Rebecca von Regensburg verheiratet und ließ sich als erzherzoglicher Hofrat 1567 in Innsbruck nieder. Zwei Jahre später verließ er Tirol, wurde jedoch von Ferdinand als Agent zur Abwicklung von Finanzgeschäften in Dienst behalten. Seine Frau Rebecca wohnte derweil in Ambras, wo sie ein Kind gebar, das jedoch früh verstarb. Hans Georg scheint keine stabile Gesundheit besessen zu haben, denn er musste im Sommer 1571 die Sauerquellen in Schwäbisch Gmünd aufsuchen und starb dort nach schwerer Erkrankung.

DIE VERWANDTSCHAFT: MARGARETE WELSER UND KONRAD PEUTINGER

Für die Prägung Philippine Welsers kam der weiteren Verwandtschaft eine nicht unerhebliche Bedeutung zu. Die ältere Schwester ihres Vaters Franz, Margarete Welser, war eine gebildete Frau, die 1498 einen der führenden Honoratioren der Stadt Augsburg geheiratet hatte: Konrad Peutinger (1465–1547), der in Italien Rechtswissenschaften studiert hatte, wirkte in Augsburg als Stadtschreiber und Rechtsberater und wurde von Maximilian I. zum kaiserlichen Rat erhoben. Vom humanistischen Bildungsanspruch durchdrungen, sammelte er römische Münzen und Inschriften in Augsburg, publizierte mehrere Quellenwerke, unterhielt Kontakte zu zahlreichen Humanisten in Europa und legte eine bedeutende Privatbibliothek an. Seine Frau Margarete teilte seine Interessen, wie Konrad Peutinger lobend hervorhob, und konnte sogar selbst Latein.

Die Peutingers lebten eine neue Form der Ehe vor, in der die Frau nicht nur die Rolle der Mutter und Hausfrau erfüllte, sondern stärker als Partnerin des Mannes hervortrat, dessen Studien mit persönlicher Anteilnahme begleitete und idealerweise unter seiner Anleitung auch selbst wissenschaftlich-literarisch tätig wurde. Die zehn Kinder des Paares, Söhne wie Töchter, erhielten eine sorgfältige Ausbildung. Von Philippines Cousinen weiß man, dass sie das Lateinische beherrschten.

In dieses anregende Umfeld geriet Philippine mit ihrer Mutter zumindest zeitweise, als sie zwischen 1542 und 1550 in einem Anwesen der Peutingers lebte, da Franz Welser immer häufiger abwesend war. Der hochgebildete Konrad Peutinger starb 1547, seine Frau Margarete 1552. Nach Aussagen von Zeitgenossen lebten die Eheleute eine höchst glückliche und erfüllte Beziehung, die nahezu ein halbes Jahrhundert währte. Durch das außergewöhnliche Paar könnte Philippine den Wert einer stärker partnerschaftlich orientierten Beziehung kennen und schätzen gelernt haben, die über das Maß der rein ökonomisch begründeten Vernunftehe hinausging.

KATHARINA UND GEORG VON LOXAN

Eine besonders enge Beziehung pflegte Philippine zeitlebens zu ihrer Tante mütterlicherseits, Katharina von Loxan. Sie war die Schwester ihrer Mutter Anna, die eine günstige Ehe mit Georg von Loxan, einem besonderen Vertrauensmann Ferdinands I., eingegangen war. Dieser konnte nach dem Schmalkaldischen Krieg (1546/47), in dem viele böhmische Adlige der habsburgischen Herrschaft die Gefolgschaft aufgekündigt hatten, das rund 70 Kilometer von Prag entfernte Schloss Bresnitz erwerben und mit seiner Gattin dorthin ziehen. Als ehemaliger Vizekanzler des Königreiches Böhmen stand Georg von Loxan auch in engem Kontakt zu Erzherzog Ferdinand, der seit 1547 als kaiserlicher Statthalter in Prag residierte.

Nach dem Tod ihres Gatten 1554 zog sich Katharina ganz nach Bresnitz (Breznice) zurück, wo sie ihre Güter verwaltete und eine lebhafte Hofhaltung führte. Ihr Sohn Ferdinand amtierte hier als Burghauptmann. Katharina von Loxan war die früheste Vertraute Philippines, als sich deren Beziehung zum Erzherzog ankündigte. Sie allein wusste von der heimlichen Eheschließung, stand Philippine bei ihren Entbindungen bei und zog mit ihr auch nach Tirol. Sie bezog ein fixes jährliches Einkommen vom Erzherzog, bekleidete aber kein offizielles Amt bei Hofe. 1574 gab sie ihr protestantisches Bekenntnis auf und wechselte zum katholischen Glauben über, was der Erzherzog freudig dem Papst mitteilte. Als die geliebte Tante Loxan 1580 starb, war Philippine untröstlich. Zur gleichnamigen Tochter Katharinas von Loxan, die mit dem Burghauptmann von Pürglitz, Ladislaus von Sternberg, verheiratet war, pflegte sie ein ebenso vertrautes Verhältnis.

Philippines Tante Katharina von Loxan. – Deutscher Meister, 1565

ERZIEHUNG UND AUSBILDUNG PHILIPPINES

Über den Bildungsweg Philippines lässt sich nur spekulieren. Sie wuchs zumindest in einer geistig anregenden Umgebung auf und genoss die damals für Patriziertöchter übliche Erziehung, die Wert auf gesellschaftsfähiges Auftreten legte, aber auch einen hohen praktischen Anteil umfasste. Die Mädchen wurden darauf vorbereitet, einen größeren Haushalt zu führen, für Unterbringung und Verköstigung von Gästen zu sorgen und wirtschaftlich klug zu handeln. Essen und Trinken in üppiger Ausführung waren für einen gehobenen Patrizierhaushalt Standespflicht. Daher mussten die Töchter des Hauses die Grundlagen der Speisenzubereitung erlernen, auch wenn in der Regel Hilfskräfte die Küchenarbeiten im engeren Sinn erledigten.

Eine Notiz aus dem Ambraser Schlossinventar deutet darauf hin, dass Philippine auch Handarbeiten selbst anfertigte, obwohl sich der Nachwelt davon keine Zeugnisse erhalten haben. Wert scheint ebenso auf die religiöse Erziehung der Welsertochter gelegt worden zu sein. Obwohl es in ihrer engsten Umgebung Protestanten gab, hielt sie selbst zeitlebens am katholischen Glauben fest.

4 Tafelfreuden in der Renaissance – Philippines Kochbuch

ENTSTEHUNGSZEITRAUM UND TEXTLICHE BESONDERHEITEN

Auf Schloss Ambras bei Innsbruck bewahrt man einen bibliophilen Schatz auf, der eng mit Philippine Welser verbunden ist. Es ist ein Kochbuch, als dessen Besitzerin sie auf Grund der zeitgenössischen Beschriftung »Phylipina Welserin gehert des buoch« am inneren Einbandleder eindeutig zu identifizieren ist. Auf 137 Blatt Papier sind hier 245 Rezepte notiert, die offenbar planmäßig und weitgehend von einer Hand in einem Zug niedergeschrieben wurden. Die ältere Forschung nahm noch an, dass Philippine selbst die Autorin des handschriftlichen Werkes war, doch gilt diese Theorie inzwischen als widerlegt: Ein Handschriftenvergleich ergab, dass Philippine allenfalls einige Nachträge verzeichnete. Auch die Datierung des Kochbuches spricht nicht für eine Urheberschaft Philippines: Das verwendete Papier lässt sich auf Grund des Wasserzeichens auf die Jahre 1543/44 datieren. Da man Papier damals nicht länger als vier bis

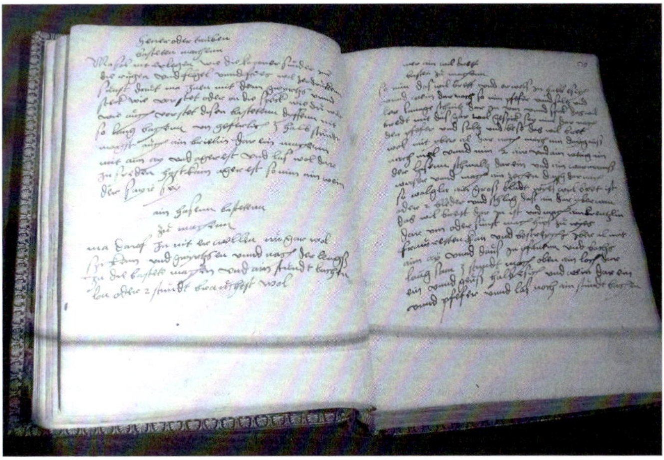

Kochbuch der Philippine Welser aus den 1540er-Jahren

fünf Jahre lagerte, entstand das Kochbuch wohl um die Mitte der 1540er-Jahre. Zu diesem Zeitpunkt war Philippine aber erst 17 oder 18 Jahre alt, sodass sie wohl kaum aus eigenem Erfahrungsschatz schöpfen konnte. Viel eher ist anzunehmen, dass ihre Mutter Anna Welser das Kochbuch noch in Augsburg für ihre heranwachsende Tochter anlegen ließ. Sie beauftragte einen Schreiber bzw. eine Schreiberin mit der Niederschrift, ergänzte dann aber die Rezepte selbst um einige Hinweise.

Wie systematisch man vorging, zeigt der sorgfältige Aufbau des Kochbuches: Man achtete darauf, dass ein Rezept möglichst auf eine, maximal auf zwei Seiten passte, und dass jede Seite oben mit einem neuen Rezept begann. Bei sehr kurzen Rezepten trug der Schreiber zwei Textstücke pro Seite ein. Die Rückseiten wurden in der Regel frei gehalten, um Platz für Nachträge und Ergänzungen zu schaffen. So nahm Philippine das Kochbuch als ›Aussteuer‹ mit nach Böhmen und später nach Tirol. Dass sie es auch benutzte, dafür sprechen die Ergänzungen von ihrer eigenen Hand sowie die Nachträge eines Schreibers aus dem tirolisch-bayerischen Umfeld.

DIE SPEISEN

Die jeweils mit einer Überschrift versehenen Speisen sind inhaltlich nach Zubereitungsart geordnet. Als Großgruppen erscheinen: Torten, Pasteten, gebackene Speisen, breiartige Speisen, Fische, Sülze, Suppen nebst gesottenem oder eingemachtem Fleisch und Marzipan. Auffällig ist dabei, dass nur 41 von den insgesamt 245 Rezepten ausgesprochene Fleischspeisen sind. Wildgerichte fehlen fast ganz. 61 Rezepte widmen sich dagegen der Zubereitung von Fisch, wobei einheimische Fischarten wie Hecht, Karpfen, Aal oder Forellen dominieren. Viel Raum nehmen auch die Torten ein, die sowohl süß, aber auch als deftige Gemüsekuchen zubereitet werden konnten. So findet sich in Philippines Kochbuch beispielsweise eine für den heutigen Gaumen höchst ungewöhnlich anmutende Salbeitorte, die mit Hilfe einer Mischung aus frischem Salbei und Petersilie und einer anregenden Gewürzkombination aus Zucker, Ingwer und Pfeffer zusammen mit Eiern und Milch zubereitet wurde. Schmalzgebackenes scheint sich ebenfalls großer Beliebtheit erfreut zu haben: Krapfen, Küchlein, Strauben und Strietzel tauchen unter den phantasievollsten Namen wie »Hasenöhrlein«, »Hühnerdärme« oder »Nonnenfürzlein« auf. Mit 30 Rezepten sind auch die breiartigen Speisen gut vertreten, wobei die verschiedenen Gerichte hier ebenfalls süß oder salzig und in außergewöhnlichen Geschmackskombinationen zubereitet werden konnten. Es fehlen dagegen aufwendige Schaugerichte, die an fürstlichen Tafeln üblich waren, und mit Hilfe von natürlichen Farbstoffen eingefärbte Speisen.

Was sich in Philippines Kochbuch präsentiert, ist die gehobene Küche des Augsburger Patriziats, die sich insgesamt ganz im Rahmen ihrer Zeit bewegte, aber mit ersten fremdländischen Gerichten (wie spanischen Pasteten, böhmischen Suppen, englischen Torten oder ungarischen Fischgerichten) einen Hauch von Weltläufigkeit und Exotik suggerierte, der bereits in die Barockzeit hinüber weist. Philippine verstand etwas vom Kochen, schätzte die gute Küche und bereitete – zumindest in ihrer Tiroler Zeit – Speisen auch selbst zu. Diese praktische Veranlagung scheint ihr späterer Ehemann, der stets kränkelnde Erzherzog Ferdinand, sehr geschätzt zu haben, denn er ließ sich von ihr gerne Diätkost servieren.

Ernährung im 16. Jahrhundert

In einem gehobenen Haushalt des 16. Jahrhunderts war Schmalhans nicht Küchenmeister – im Gegenteil: Fette, süße und üppige Speisen standen hoch im Kurs. Bis zu 20 Gerichte und mehr konnten pro Gang serviert werden. Dabei kamen Fleisch- und Fischgerichte, Gemüse, Pasteten, Eierspeisen und Suppen in Hülle und Fülle auf den Tisch. Um den eigenen Reichtum gebührend zur Schau zu stellen, verwendete man dabei gerne teure Gewürze, exotische Zutaten oder den über Venedig eingeführten neuartigen Zucker, der den Honig als traditionelles Süßmittel zu ersetzen begann. Besonders chic war es, Gewürze wie Wacholderbeeren, Kümmel, Anis oder Fenchel im Zuckermantel als Naschwerk zu präsentieren. »Eine Zeit war der Zucker lediglich in den Läden der Apotheker erhältlich, die ihn für die Kranken führten«, schrieb der Zeitgenosse Abramo Ortelio im Jahr 1572, »heute isst man ihn aus Naschsucht. Was einst als Medizin diente, dient heute als Nahrung«. Zuckersüß war in Mode.

Aber nicht nur mit von weither importierten Nahrungsmitteln glänzte der Hausherr. Ebenso viel Ehre legte er mit der verschwenderischen Zugabe wertvoller tierischer Produkte ein: In Schmalz ausgebackene Süßspeisen oder mit Rahm und Mandelmilch zubereitete Desserts erfreuten sich großen Zuspruchs. Dominierten in der mittelalterlichen Küche noch die erlesenen Gewürze, entdeckte die Oberschicht nun – nachdem Gewürze in reichlicherem Maße auf den Markt kamen – den stärkeren Eigengeschmack der Nahrungsmittel wieder, die jedoch raffinierter zubereitet und vor allem in großer Zahl aufgetragen wurden.

Die neue Freude an der Üppigkeit zeigte natürlich auch Auswirkungen auf das Schönheitsideal ihrer Zeit: Feiste Ratsherren, übergewichtige Fürsten und vollkurvige Matronen zollten der Dominanz fetthaltiger Speisen auf ihren Tafeln Tribut. Der Hang zur Völlerei wurde dabei nur noch übertroffen von der allgegenwärtigen Trunksucht. Während Wein auf Grund gestiegener Qualitätsansprüche und des allmählich kühler werdenden Klimas (»Kleine Eiszeit«) in den Ländern nördlich der Alpen mehr zum Genussmittel mutierte, rückte das Bier als flüssiges »Grundnahrungsmittel« an seine Stelle. Im Adel und im wohlhabenden Bürgertum betrachtete man im 15./16. Jahrhundert einen Jahreskonsum von rund 1000 Litern als völlig normal. Essen und Trinken spiegelten so die für die Renaissance typische Lust am Leben wider. Philippine bildete dabei keine Ausnahme: Auch sie war den Genüssen des Lebens nicht abgeneigt – was man an ihrer fülligen Figur ablesen kann, die sich in den Portraits späterer Jahre offenbart. Sorgen wird ihr das jedoch nicht bereitet haben, denn das Schlankheitsideal heutiger Zeit galt damals noch nichts.

DIE KUNST DES KOCHENS

Das Kochen war eine mühselige und anstrengende Arbeit. Wie im Mittelalter benutzte man dazu eine offene Feuerstelle, deren starke Rauch- und Hitzeentwicklung die Tätigkeit in der Küche oft unerträglich machte. In wohlhabenden Haushalten brachten eine Ummauerung der Herdstelle sowie ein Rauchabzug über dem Feuer eine Verbesserung des Arbeitsumfeldes. Da man die Wohnräume allmählich mit Kachelöfen von der Küche aus zu beheizen begann, trennte sich die Küche von den übrigen Räumlichkeiten ab und wandelte sich zum ausschließlichen Arbeitsraum, in dem das Personal – Köche, Mägde, Küchenhelferinnen – unter der Aufsicht der ›Frau des Hauses‹ ihre anstrengenden Tätigkeiten vornahmen. Und das Kochen ohne elektrische Hilfsmittel war in der Tat eine äußerst zeit- und kräfteraubende Angelegenheit: Vom Ausnehmen der Gänse und Hühner bis zum Schlagen des Rahms, dem Durchkneten des Teiges und dem Putzen und Schneiden des Gemüses musste alles von Hand erledigt werden. Regale, Tische und Ablagen für das Geschirr füllten den Raum, für das Backen von Kuchen und Pasteten stand ein eigener Ofen zur Verfügung. Die Hausherrin überwachte die Arbeiten, gab dazu ihre Anweisungen und bestimmte vor allem, was in welcher Menge und für wie viele Gäste auf den Tisch kam.

Obwohl die gemauerte Feuerstelle sich mit Rosten und durchlöcherten Eisenplatten abdecken ließ, sodass diverse Töpfe, Pfannen und Bräter zum Einsatz kamen, die den Kochvorgang erleichterten, stellte die Beherrschung der Temperatur für jeden ›Küchenchef‹ eine große Herausforderung dar. Bedurfte es für das Braten von Wildbret und anderer großer Fleischstücke sehr hoher Temperaturen, durften andere Gerichte nur mit sanfter Hitze vor sich hin köcheln oder zarte Eierspeisen lediglich mit der vorhandenen Glut zum Stocken gebracht werden. In Philippines Kochbuch finden sich zahlreiche Hinweise, das Feuer zu kontrollieren und gut aufzupassen, um das Gericht nicht zu verbrennen. Je raffinierter die Speisen ausfielen, desto mehr Erfahrung musste der Koch mitbringen, um ›Betriebsunfälle‹ zu vermeiden. Kompetenz erforderte auch die rechte Mischung der Zutaten. Kräuter, Nüsse und Gewürze wurden mit dem Mörser fein zerstoßen und wohl dosiert.

Nicht zuletzt trug der Koch beziehungsweise die anweisende Hausfrau Verantwortung für das gesundheitliche Wohlergehen der Gäste. Die Verwendung als besonders verträglich eingeschätzter Lebensmittel sowie ihre rechte Zubereitung galten als ausschlaggebend für die Gesundheit eines Menschen. Kochkunst und Heilkunst gingen daher eine enge Verbindung ein. Bestimmte Ernährungsvorgaben sollten die Körpersäfte des Menschen, von denen die mittelalterliche Medizin – aufbauend auf den Lehren des antiken Gelehrten Galen – ausging, im Gleichgewicht halten. Je nach individueller Veranlagung durften nur Lebensmittel mit bestimmten Eigenschaften kombiniert und genossen werden, um gesund zu bleiben. Die Ergänzungen, die Anna und Philippine Welser handschriftlich in ihr Kochbuch eintrugen, betrafen genau diesen heilkundlichen Aspekt: Rezepte gegen Zahnschmerzen sowie Schonkost für Kranke und Schwache.

Meister des Schlemmens: Berühmte Höfe und ihre Köche

»Ohne allen Zweifel aber ist unter gedachten Künsten nicht die geringste Kochen oder Küchenmeisterei«, schrieb selbstbewusst der Mundkoch des Mainzer Kurfürsten, Marx Rumpolt, in seinem 1581 erschienen Werk »Ein new Kochbuch«. Das Kochen wurde in der Frühen Neuzeit zunehmend als Kunst verstanden und daher rückten auch die Meister des Schlemmens in den Mittelpunkt des höfischen Interesses. Berühmtheit erlangte zum Beispiel der Italiener Bartolomeo Scappi, der als Leibkoch mehrerer Päpste wirkte und selbst bei den größten Gastmählern mit mehr als 700 Speisen nicht den Überblick verlor. Er wagte sich an neue Zubereitungsarten und verarbeitete dabei auch völlig unbekannte, aus Amerika stammende Lebensmittel. In seinem 1570 erschienenen sechsbändigen Kochbuch »Opera« beschrieb er seine Erfahrungen mit rund 1000

Rezepten. Das außergewöhnliche Werk erschien im Laufe des 16. und 17. Jahrhunderts in insgesamt neun Auflagen und kann damit als erstes großes Koch-Lehrbuch der Renaissance gelten.
Der Hof Erzherzog Ferdinands II. in Ambras brauchte jedoch keinen Vergleich zu scheuen, wirkte hier doch eben jener später als Chefkoch des Mainzer Kurfürsten berühmte Marx Rumpolt. Er verpflegte in Ambras bis zu 95 Personen täglich. Für festliche Anlässe brachte er mehr als 30 Gerichte pro Gang auf die Tafel, darunter auch sehr exklusive Nahrungsmittel wie indianische Bohnen, Artischocken, Meeresfische und Austern. Die Verwendung von täglich 50 Pfund Schmalz gehörte zum Standard. Sein »New Kochbuch« führte über 2000 Rezepte auf, prächtig bebildert mit 150 Holzschnitten von Jost Amman, und gab zahlreiche Küchentipps und -tricks sowie Ratschläge zur Kellermeisterei an die nächste Köche-Generation weiter. Seine Menüvorschläge stimmte er genau auf den Stand der eingeladenen Gäste ab. Rumpolt verließ Ambras jedoch in Unehren, da man ihm vorwarf, Lebensmittel veruntreut und Küchengeräte entwendet zu haben. Dies schadete seinem Ruf als Schlemmermeister jedoch keineswegs und er fand bald wieder Anstellungen bei genussfreudigen »Arbeitgebern«.

5 Ein begehrenswerter Junggeselle

ERZHERZOG FERDINAND II. UND SEINE FAMILIE

Ganz im Sinne der Renaissance zeigte sich auch Erzherzog Ferdinand II. von Tirol den Freuden des Lebens sehr aufgeschlossen. Als Mäzen der Künste und als bedeutender Sammler, aber auch als Liebhaber der Jagd, des Turniers und der glanzvollen Feste tat er sich zeitlebens und zur Freude seiner Standesgenossen besonders hervor. Der Sinn für Repräsentation lag angesichts seiner Herkunft nahe, entstammte Ferdinand doch einer der vornehmsten und mächtigsten Familien des Reiches. Die Habsburger waren an der Wende zur Neuzeit angetreten, eine wahrhaft weltumspannende Herrschaft auszuüben, die neben Spanien und den Ländereien in Amerika auch die Niederlande, Österreich, Teile Italiens sowie Ungarn und Böhmen umfasste.

Der Vater des jungen Erzherzogs, der am 14. Juni 1529 in Linz das Licht der Welt erblickte, war Ferdinand I., der jüngere Bruder Kaiser Karls V. In zwei Teilungsverträgen hatte dieser 1521/22 die österreichischen Erblande einschließlich Tirols und der Vorlande zur eigenständigen Herrschaft übertragen bekommen, während der kaiserliche Bruder das damals weitaus reichere Spanien und die wirtschaftlich hoch entwickelten Gebiete in den Niederlanden regierte. Die Länderteilung begründete die Entstehung zweier Linien des Hauses Habsburg, nämlich der spanischen und der österreichischen Linie, wobei sich Letztere für den Fortgang der Geschichte Mitteleuropas als die bedeutendere herausstellen sollte. Da Karl V. häufig vom Reich abwesend war, übernahm Ferdinand I. zunächst dessen Stellvertreterschaft im Reich, bis er 1531 schließlich selbst zum römisch-deutschen König gewählt wurde. Nach der Abdankung Kaiser Karls V. (1556) folgte er ihm zudem in der Kaiserwürde nach.

Als äußerst günstig erwies sich die Heirat Ferdinands I. mit Anna, der Tochter des Jagiellonenkönigs Wladislaw II. von

Ungarn und Böhmen. Noch unter Kaiser Maximilian I. war am 22. Juli 1515 die folgenreiche Doppelhochzeit zwischen den minderjährigen Kindern der Habsburger- und der Jagiellonendynastie geschlossen worden, die in naher Zukunft die Ansprüche Habsburgs auf die ungarische und böhmische Krone begründen half. So nahm bei den Feierlichkeiten in Wien Kaiser Maximilian in Stellvertretung für seinen Enkelsohn Ferdinand Anna zur Frau, während deren Bruder Ludwig die Erzherzogin Maria, eine Schwester Ferdinands, heiratete. Wegen des Alters der Kinder – sie waren zwischen neun und zwölf Jahre alt – musste mit dem Vollzug der Ehe allerdings noch gewartet werden.

Bis dahin lebte Anna bereits in Innsbruck, wo sie zusammen mit ihrer Schwägerin Maria unter Obhut eines stattlichen Hofstaates erzogen wurde. Erst am 26. Mai 1521 heirateten Ferdinand I. und Anna dann erneut – und diesmal volljährig – in einer prächtigen Zeremonie in Linz. Die Tragweite der Eheschließung zeigte sich nur wenige Jahre später, denn als Annas Bruder Ludwig 1526 im Kampf gegen die Osmanen fiel, reklamierte Ferdinand das Erbe seines Schwagers für sich und ließ sich zum König von Böhmen und Ungarn krönen. Während die Regierungsübernahme in Böhmen relativ reibungslos gelang, wählten die ungarischen Stände mit Johann Zápolya einen habsburgischen Gegenkandidaten. Aber Ferdinand gelang es, immerhin einen Teil Ungarns unter seine Botmäßigkeit zu zwingen.

Die Ehe zwischen Ferdinand I. und Anna von Böhmen erwies sich als äußerst glücklich. Dies überlieferten alle in- und ausländische Beobachter bei Hofe. Zu dieser erfüllten Beziehung mögen Annas Ausbildung am Innsbrucker Hof und ihr offenes Wesen beigetragen haben. Der italienische Kardinal Luigi d'Aragona beschrieb sie bei einem Besuch 1517 als »hübsch und fröhlich, mit feurigen Augen und einem frischen Teint, wie Milch und Blut«. Da auch Ferdinand I. als umgänglich, kommunikativ und sprachgewandt galt, standen sich die Partner recht nahe. In rascher Folge stellte sich bei dem Paar Nachwuchs ein: Anna brachte in 26 Ehejahren 15 Kinder zur Welt, von denen drei Söhne und zehn Töchter überlebten. Erzherzog Ferdinand II. war der zweitgeborene Sohn, ihm voraus ging sein älterer Bruder, der spätere Kaiser Maximilian II. Da Anna häufig ihren Ehemann auf Reisen begleitete und ihn in den Zeiten seiner Abwesenheit als Statthalterin vertrat, konnte sie sich kaum der Erziehung ihrer Kinder widmen. Die Geburtsorte der Kinder zeigen an, wie häufig das Herrscherpaar zwischen Linz, Wien, Prag und Innsbruck hin und her pendelte. Entsprechend selten bekamen die Kinder ihre Eltern zu Gesicht. Nichtsdestotrotz wurden sie sorgfältig und standesgemäß erzogen.

Als Anna 1547 infolge der 15. Geburt in Prag starb, war Ferdinand I. untröstlich und sollte zeit seines Lebens keine zweite Ehe mehr eingehen.

KINDHEIT UND AUSBILDUNG

Die ersten vier Lebensjahre verbrachte Erzherzog Ferdinand mit seinen Geschwistern in Linz. Die kleine Donaustadt mit kaum 3000 Einwohnern war der Hauptort des Landes ob der Enns, verkehrsgünstig am Schnittpunkt mehrerer Handelswege gelegen. Sie barg ein behagliches Residenzschloss, das schon Kaiser Friedrich III. zu schätzen gewusst hatte. 1533 siedelten die beiden Brüder jedoch nach Innsbruck über, wo schon die Mutter groß geworden war und wo mit der Hofburg ein weitläufiger Gebäudekomplex zur Verfügung stand, der es ermöglichte, den beiden heranwachsenden Jünglingen einen eigenen Hofstaat beizugeben. Sicherheitsaspekte mögen zu dieser Entscheidung zusätzlich beigetragen haben, rückten die türkischen Osmanen doch bedrohlich nahe an die österreichischen Grenzgebiete heran und hatten 1529 – im Geburtsjahr Erzherzog Ferdinands – sogar Wien belagert. Das weit von den Kriegsschauplätzen entfernte Tirol bot hingegen genügend Gewähr, die ›Zukunft Habsburgs‹ in Sicherheit zu wissen.

Die Brüder wurden auf ihre Rolle als künftige Herrscher und Regenten sorgfältig vorbereitet. Humanistisch gebildete Lehrer vermittelten ihnen Grundlagenkenntnisse in Geschichte, Theologie, Mathematik und Kunst. Ein wichtiger Baustein ihrer Ausbildung war der Sprachunterricht in Latein, Deutsch, Italienisch und Tschechisch. Der aus Leitmeritz stammende Erzieher Jan Horak von Hasenberg, der in Leipzig Theologie und Philosophie studiert und sich dabei als dezidierter Kritiker der Thesen Martin Luthers hervorgetan hatte, sorgte gleichzeitig für die streng katholische Prägung der Erzherzöge. Daneben wurden die physischen Fertigkeiten der Knaben gefördert. Reiten, Fechten, Laufen, Armbrust- und Bogenschießen standen in reichlichem Maße auf dem Lehrplan. So sah man Ferdinand und Maximilian im Kreise weiterer Edelknaben, die am Innsbrucker Hof ihre Ausbildung erhielten, als fröhliche Schar durch den Hofgarten toben. Dass sie es nicht zu weit trieben, gewährleistete ein stattlicher Hofstaat von mindestens 20 Personen. Allein sechs Hofleute waren mit der Bedienung der jungen Herren bei Tisch beschäftigt. Der luxuriöse Lebensstil entsprach dem eines heranwachsenden Fürsten, der zu Höherem geboren war. Und in der Tat hatte der königliche Vater mit seinen Söhnen noch einiges vor: Schon früh dachte er über ihre Verheiratung nach und hielt Ausschau nach vielversprechenden standesgemäßen Bräuten.

KÖNIG FERDINAND I. UND SEINE HEIRATSPLÄNE

Die Partnerwahl war im Hause Habsburg noch nie eine Privatangelegenheit gewesen. Mit geschickten Eheschließungen und ein wenig Glück hatte man sich in die erste Reihe der Adelsfamilien Europas katapultiert. Der viel zitierte Satz »Bella gerant alii, tu felix Austria nube« (»Andere mögen Krieg führen, du, glückliches Österreich, heirate!«) hatte hier seinen Ausgangspunkt, auch wenn Erbverträge und -ansprüche in der Realität häufig erst mit Waffengewalt durchgesetzt werden mussten. Besonderes Geschick bei der Auswahl der Ehepartner mag man den Habsburgern dennoch bescheinigen. Schon die Ehe Kaiser Maximilians I. mit der Erbtochter Maria von Burgund (1477) erweiterte das Herrschaftsgebiet der Habsburger beträchtlich, kam doch nach dem frühen Tod Marias das reiche burgundische Erbe, zu dem die Fürstentümer Flandern und Brabant, Luxemburg und die Franche-Comté zählten, unter das Regiment Maximilians. Seine Kinder aus dieser Ehe ließ er in das spanische Königshaus einheiraten, was wiederum – nach einer Reihe unvorhersehbarer Todesfälle im spanischen

Königshaus – Ansprüche des Hauses Habsburg auf die spanische Krone begründete. Karl V., der Onkel Ferdinands II., konnte daher 1516 das Erbe seiner spanischen Großeltern Isabella von Kastilien und Ferdinand von Aragón antreten.

Für seine Enkelkinder sah Kaiser Maximilian I. ebenfalls äußerst günstige Eheverbindungen vor. Die bereits erwähnte Doppelhochzeit mit der Jagiellonendynastie festigte die schon seit längerem bestehenden Ansprüche auf die Kronen Böhmens und Ungarns. Nach dem Schlachtentod Ludwigs II. von Böhmen und Ungarn 1526 fiel die ersehnte Erbschaft dann endlich an.

So zeigte sich König Ferdinand I. ganz in der Tradition seiner Vorfahren, als er sich um geeignete Ehekandidaten auch für seine eigenen Kinder umsah. Die religiösen Zwistigkeiten im Reich durch die Ausbreitung der Reformation gaben ihm dabei die Leitlinien vor. Die Eheschließungen sollten eine Schwächung der innerdeutschen Opposition gegen Habsburg und einen Schulterschluss zwischen den katholischen Mächten herbeiführen. So achtete er darauf, dass seine Töchter nur an regierende Fürsten oder nachfolgeberechtigte Prinzen verheiratetet wurden. Dementsprechend erhielt die Tochter Anna den Erben des Herzogtums Bayern, Albrecht, zum Gemahl, um die Allianz zwischen den katholischen Häusern Habsburg und Wittelsbach zu stärken; ihre Schwester Maria heiratete den Herzog Wilhelm von Jülich-Kleve-Berg, um ihn aus einer möglichen Bündniskonstellation mit Frankreich zu lösen. Tochter Katharina gab ihre Hand zunächst dem Herzog von Mantua und nach dessen Tod dem polnischen König Sigismund August. Gegen ihren Willen musste Eleonore den Herzog Guglielmo III. von Mantua ehelichen, um die Position Habsburgs in Italien zu stärken, dem Hauptkriegsschauplatz in der Auseinandersetzung mit Frankreich. Dem gleichen Zweck dienten die Ehe zwischen Barbara und Alfonso d'Este, dem Herzog von Ferrara, und die Vermählung der jüngsten Tochter Johanna mit Francesco de' Medici, dem Großherzog der Toskana.

Den Kindern fiel es angesichts des Dominats der Politik schwer, sich den väterlichen Heiratsplänen zu entziehen. Von den zehn überlebenden und im heiratsfähigen Alter stehenden Töchtern Ferdinands konnten nur drei durch den Eintritt in ein Kloster einer arrangierten Verheiratung entfliehen. Für die Söhne arbeitete der umtriebige Vater an noch höheren Plänen: Sein Ältester, Maximilian, heiratete 1548 seine Cousine Maria, die Tochter Kaiser Karls V., um die dynastischen Bande zwischen der spanischen und der österreichischen Linie des Hauses Habsburg zu stärken und für eine eventuelle Herrschaftsübernahme in Spanien in Stellung gebracht zu werden. Für den zweitgeborenen Ferdinand sah der Vater zunächst eine Tochter des französischen Königs Franz I. vor, des größten Widersachers der Habsburger; später kam die englische Königin Maria Tudor ins Gespräch, um England für den katholischen Glauben zurückzugewinnen. Allerdings kam dem Erzherzog in dieser Angelegenheit sein Cousin Philipp II., der älteste Sohn Kaiser Karls V., zuvor.

Als nächste Sterne am Heiratshimmel erschienen die Namen der schottischen Königin Maria Stuart und Elisabeth I. von England. Letztere, die Tochter König Heinrichs VIII. von England, war allerdings so klug, jedes ihr von europäischen Mächten unterbreitete Heiratsangebot in den Wind zu schlagen, um weder ihre katholischen noch ihre protestantischen Untertanen zu verprellen. Sie blieb zeitlebens unverheiratet. Die letzten Optionen wären ohnehin zu spät gekommen, denn zu diesem Zeitpunkt war Erzherzog Ferdinand bereits seit zwei Jahren mit einer anderen verheiratet: Philippine Welser, die sich verglichen mit ihren ›offiziellen‹ Mitbewerberinnen um die Hand des Erzherzogs wie ein graues Mäuschen ausnahm. Verständlich also, wenn der verliebte Ferdinand seinen Vater von der heimlichen Heirat mit der Welsertochter zunächst nicht unterrichtete.

Als dieser schließlich doch davon hörte, musste er konsterniert umdisponieren; dem englischen Hof präsentierte er seinen drittgeborenen Sohn Karl, der allerdings sieben Jahre jünger als die englische Königin war und daher keine Aussichten auf Erfolg hatte. Er sollte später seine eigene Nichte, Maria Anna von Bayern, heiraten, mit der er sehr glücklich wurde und 15 Kinder hatte.

Angesichts der hochfliegenden Pläne, die Ferdinand I. für seine Kinderschar hegte, kann man sich jedoch ausmalen, welcher Affront mit der heimlichen Heirat Ferdinands mit Philippine Welser verbunden war. Eine Patriziertochter bürgerlicher Abkunft war an der Seite des Erzherzogs, der als Ehemann für Fürstinnen und Königinnen vorgesehen war, unannehmbar. Habsburg sah seine Zukunft, überspitzt ausgedrückt, im Thronsaal und nicht im Krämerladen – auch wenn die Welser als Kreditgeber gern gesehene Gäste bei Hofe waren.

DIE ÜBERTRAGUNG DER STATTHALTERSCHAFT IN BÖHMEN

Gerade erst 14 Jahre alt, blickte Erzherzog Ferdinand einer goldenen Zukunft entgegen, als er 1543 nach Prag abreiste, um als Sohn des Königs von Böhmen in dem neu für Habsburg gewonnen Königreich präsent zu sein. Er nahm auf dem Hradschin seinen Sitz und baute einen eigenen Hofstaat auf. Wie es sich für einen selbstständig werdenden jungen Mann damals gehörte, sammelte er auch militärische Erfahrungen. Die erste Gelegenheit dazu hatte er 1544, als er an der Seite seines Onkels, Kaiser Karls V., an einem Feldzug gegen Frankreich teilnahm, der jedoch durch den Frieden von Crépy rasch beendet wurde und dem jungen Erzherzog einen allzu langen Zeltlageraufenthalt in der kaiserlichen Armee ersparte.

Schon wenige Jahre später, 1547, rief der kaiserliche Onkel Ferdinand erneut an seine Seite. Anlass war dieses Mal die Auseinandersetzung mit den protestantischen Rebellen, die sich im Schmalkaldischen Bund gegen den katholischen Kaiser zusammengeschlossen hatten. Bei Mühlberg an der Elbe kam es am 24. April zu einer großen Schlacht, an der Ferdinand gemeinsam mit seinem Vater und seinem Bruder Maximilian in der Nachhut teilnahm. 27 000 Katholiken standen etwa 7000 Protestanten unter der Führung Kurfürst Johann Friedrichs von Sachsen gegenüber. Da der kaiserlichen Armee ein Überraschungsangriff über die Elbe gelang, endete die Schlacht in einem wüsten Gemetzel, bei dem fast alle Protestanten erschlagen wurden und der sächsische Kurfürst in Gefangenschaft geriet.

Obwohl die kaiserlichen Neffen, deren Leben man selbstverständlich schon aus dynastischen Gründen nicht leichtfertig aufs Spiel setzte, nur einen bescheidenen Anteil am überragenden Sieg hatten, dankte Kaiser Karl V. ihnen am folgenden Tag offiziell und hob ihren Einsatz hervor. Ferdinand wurde von seinem Vater zum Statthalter Böhmens ernannt, was ihm eine hohe Verantwortung gegenüber dem Land aufbürdete: Die böhmischen Stände hatten Ferdinand I. die Gefolgschaft versagt und die Bildung großer militärischer Kontingente zur Verstärkung der kaiserlichen Truppen verhindert. Vielmehr präsentierten sie einen Forderungskatalog, der auf die Einhaltung der Freiheiten und Privilegien des böhmischen Adels pochte. Ferdinand I. hielt daher auf dem »Blutigen Landtag« (1547) in Prag hartes Strafgericht. Todesurteile wurden verhängt, Landgüter konfisziert, Adlige verbannt. Während Kaiser Karl V. und sein Bruder Ferdinand danach zum »Geharnischten Reichstag« (1547/48) nach Augsburg eilten, blieb Erzherzog Ferdinand in Prag zurück, um die Lage zu befrieden. Seine Aufgabe, die er für die nächsten 20 Jahre zu erfüllen hatte, war nicht einfach: Er musste das zutiefst gespaltene Land versöhnen und den böhmischen Adel an sich binden.

Doch Ferdinand interessierte sich für gänzlich andere Dinge: Er liebte Kunst und Kultur sowie den geselligen Umgang mit Menschen. Schon seine Rückreise vom französischen Feldzug, die ihn über die Niederlande und alle auf dem Weg nach Prag liegenden bedeutenden Höfen führte, hatte ihm die Augen für die ›große Welt‹ geöffnet. Die Niederlande gehörten zu den reichsten und zivilisiertesten Gegenden Europas, die sich von dem etwas rückständigen und bäuerlichen Umfeld Tirols deutlich unterschieden. Hier gab es blühende Städte, führende Künstler und einen verschwenderisch-luxuriösen Lebensstandard in den Kreisen der Oberschicht.

Schon wenig später, 1549, erwartete den Erzherzog eine weitere einprägsame Bildungsreise: An der Spitze einer kleinen Delegation böhmischer und mährischer Adliger machte sich Ferdinand auf, seine Schwester Katharina nach Mantua zu

Bildnis Erzherzog Ferdinands II. als Statthalter von Böhmen. – Gemälde von Jakob Seisenegger, 1548

begleiten, wo sie Francesco III. Gonzaga heiraten sollte. Hier, im sonnigen Italien, entdeckte er die prächtige Bau- und Gartenkunst der Gonzaga für sich. Vor allem die großen Werke des Hofbaumeisters und Malers Giulio Romano (1499–1546), der mit dem Palazzo del Tè am Stadtrand von Mantua um das Jahr 1524 einen wegweisenden Bau des Frühmanierismus errichtet hatte, beeindruckten den jungen Erzherzog zutiefst.

Nach seiner Rückkehr über Venedig gedachte er in Prag eine eigene Idylle zu schaffen und die künstlerische Formensprache, die er in Italien kennen gelernt hatte, in Böhmen einzuführen. Schon 1551 berief er Francesco Terzio (um 1523–1591), der in Bergamo und Mailand ausgebildet worden und daher in der Lage war, Giulio Romanos künstlerische Konzepte fortzuführen, als Hofmaler zu sich nach Prag. Aber auch um die Umgestaltung der Gärten der Burg kümmerte sich der böhmische Statthalter mit erhöhter Aufmerksamkeit. Er beaufsichtigte den Bau von Fontänen und Wasserleitungen, gab Anweisungen zur Gestaltung der Beete, wählte persönlich Pflanzen, Blumen und Sträucher aus und verlegte im Sommer einen Teil des Hoflebens in seinen geliebten Garten.

Immer mehr Künstler und Handwerker zog es in das aufblühende Prag. Nichts tat der böhmische Statthalter lieber als Baustellen zu beaufsichtigen, Architektenpläne zu ändern und eigene Anregungen weiterzugeben. So geht der äußerst eigenwillige Grundriss des Lustschlosses Stern im Neuen königlichen Tiergarten nahe des Weißen Bergs in Form eines sechszackigen Sternes auf einen Entwurf Ferdinands zurück. Italienische Maurer und Steinmetze unter Leitung Giovanni Luccheses (gest. 1581) unterzogen sich der Aufgabe, den anspruchsvollen Bau zu realisieren. Das reich mit Stuck, Marmor, Parketten und Fresken ausgestattete zweigeschossige Schloss mit Faltdach gehört zu den reizvollsten Zeugnissen der Renaissancearchitektur. Offensichtlich dachte Ferdinand schon damals daran, in den zahlreich vorhandenen Nischen der rautenförmigen Säle seine wachsenden Sammlungen aus Rüstungen und Statuen unterzubringen. Denn der Erzherzog begann in seiner Prager Zeit Kunstgegenstände zu sammeln, die er später nach Schloss Ambras in Tirol bringen ließ. Vor allem Prunkharnische hatten es ihm angetan, Waffen und Pferdezeug. Die wertvollsten Stücke seines Schatzes – allesamt erlesene Zeugnisse der Plattnerkunst – waren bereits in Prag vorhanden.

Daneben fand der Erzherzog aber noch genügend Zeit, das Junggesellenleben in vollen Zügen zu genießen. Er gab rauschende Feste, richtete Turniere und Jagden aus, liebte Maskeraden. Diese Festivitäten dienten gleichzeitig dem politischen Zweck, den böhmischen Adel an den Habsburgerhof zu binden. Immer mehr Böhmen fanden Aufnahme in den mehr als 130 Personen umfassenden Hofstaat an der Prager Burg, darunter Angehörige der prominenten Geschlechter Lobkowitz, Loxan, Sternberg und von Dohna. Wer nicht dauerhaft bei Hofe lebte, kam zumindest zu Turnieren, Hoffesten und Banketten nach Prag oder bekam den Habsburger bei einem seiner zahlreichen Jagdausflüge in die Wälder der näheren Umgebung zu Gesicht. Was die Ausrichtung dieser Feste betrifft, scheute Ferdinand weder Kosten noch Mühe. Die Turniere inszenierte er als grandiose Schauspiele, häufig in Kombination mit Maskenfesten, Banketten, Feuerwerken und Tanzveranstaltungen. Damit die aufwendigen Turniere, die er zwischen 1548 und 1557 in Prag, Pilsen und Wien ausrichtete, nicht in Vergessenheit gerieten und auch nach ihrer Veranstaltung noch der Repräsentation dienen konnten, ließ Ferdinand sie in einem eigenen kunstvoll bebilderten Turnierbuch festhalten. Die Bilder dieses Buches gaben eine Vorstellung davon, ob man in türkischen, ungarischen oder deutschen Rüstungen zu Felde gezogen war.

Bei den opulenten Festlichkeiten, die von Trink- und Essgeladen begleitet wurden, ging es natürlich recht frivol zu, insbesondere zur Faschingszeit, wenn die Maskeraden einen erhöhten Grad an Anonymität boten. Amouröse Abenteuer mit Damen unterschiedlichen Standes blieben daher auch beim Erzherzog nicht lange aus – irgendwann in diesen sinnfreudigen Jahren wurde Ferdinand Vater einer unehelichen Tochter. Von der Mutter ist weder der Name noch ihre Herkunft bekannt. Die Tochter jedenfalls hieß Veronica, und Ferdinand erkannte sie als sein natürliches Kind an. Er übergab sie seinem Prager Bauschreiber zur Erziehung und erfüllte noch Jahre später seine Vaterpflichten an ihr: Man stattete sie mit dem Namen eines ausgestorbenen Tiroler Adelsgeschlechts aus, und 1582 sollte sie als Veronica von Villanders in den Hofstaat der zweiten Gattin Ferdinands, Anna Caterina Gonzaga, aufgenommen werden. Mit einer ordentlichen Morgengabe des Vaters ausgestattet, heiratete sie später den aus Mantua stammenden Kämmerer Ferdinands, Franz Gonzaga: Dies entsprach völlig dem damals üblichen Verhalten hochrangiger Herren, deren Liebesabenteuer unfreiwillige Folgen gezeitigt hatten. Die unehelichen Kinder wurden einer Pflegefamilie übergeben, finanziell einigermaßen ausgestattet und später mit nachrangigen Gefolgsleuten verheiratet.

Das Schicksal einer flüchtigen Affäre hätte prinzipiell auch Philippine Welser treffen können. Doch gelang es der Augsburgerin, Erzherzog Ferdinand stärker an sich zu binden und ihn zu einer rechtmäßigen Ehe anzuhalten.

Kronjuwel mit scharfen Zacken: Das Königreich Böhmen unter der Herrschaft der Habsburger

Seit dem Spätmittelalter hatten die Habsburger durch geschickte Heiraten danach gestrebt, die Krone Böhmens in ihr wachsendes Imperium zu integrieren. Als 1526 endlich der lang ersehnte Erbfall eintrat und Ferdinand I. im Prager Veitsdom durch den Bischof von Olmütz die Wenzelskrone aufs Haupt gesetzt bekam, erwies sich jedoch rasch, dass das neue Kronjuwel seine ganz eigenen Ecken und Kanten besaß. Zum einen zeigte der böhmische Adel ein besonders robustes Selbstbewusstsein, das beharrlich auf die althergebrachten Privilegien wie dem der freien Königswahl und der Steuerbewilligung pochte. Zum anderen wies das Land eine außergewöhnliche religiöse Zersplitterung auf: Seit den Tagen des radikalen Kirchenreformers Jan Hus, der am 6. Juli 1415 auf dem Konstanzer Konzil als Ketzer verbrannt worden war, dessen Lehre aber das Flammenmeer überlebt hatte, gab es mit den Utraquisten und den Böhmischen Brüdern neben der katholischen Kirche zwei religiöse Gemeinschaften, die auf eine grundlegende Reform der Kirche sowie auf die Gewährung des Laienkelchs und der Predigtfreiheit setzten. Mit der Ausbreitung der lutherischen Lehre kam eine dritte religiöse Bewegung hinzu.

Der in Spanien streng katholisch erzogene und vom königlichen Sendungsbewusstsein durchdrungene Habsburger Ferdinand I. pflegte dagegen ein völlig anderes, ganz auf die königliche Gewalt konzentriertes Herrschaftsverständnis, das sich an dem der böhmischen Stände beharrlich rieb. Ihm gelang es, mit einer vorsichtigen, aber konsequenten Politik die Rechte des böhmischen Adels zu beschneiden und die katholische Kirche zu stärken. Der sich darüber angestaute Zorn der böhmischen Untertanen entlud sich 1547: Unverhohlen sympathisierten sie mit im Schmalkaldischen Bund zusammengeschlossenen deutschen protestantischen Fürsten und Städten. Nur schleppend und unvollständig konnte Ferdinand eine kleine Streitmacht rekrutieren und seinem Bruder Karl V. vor der Schlacht von Mühlberg an der Elbe zuführen. Inzwischen hatten die böhmischen Stände auf einem Landtag in Prag 57 Artikel formuliert, die eine Begrenzung des monarchistisch-autokratischen Herrschaftssystems zugunsten der ständischen Freiheit forderten. Gleichzeitig wurde ein Heer zur Landesverteidigung aufgestellt.

Der kaiserliche Sieg an der Elbe kam den Böhmen jedoch zuvor. Der zurückgekehrte Ferdinand I. präsentierte den Aufständischen seine Rechnung: zehn Todesurteile, Güterentzug und Hausarrest für 35 Herren und Ritter. Danach stellte er die Weichen für eine weitgehende Stärkung der königlichen Macht. Der böhmische Adel musste das dynastische Erbrecht der Habsburger anerkennen und ihm das alleinige Recht zur Einberufung von Land- und Kreistagen überlassen. Durch die Güter- und Bergwerkskonfiskationen, die Strafgelder und die neu eingeführte »ewige Biersteuer« verbesserte der König seine Finanzlage auf einen Schlag deutlich. In religiöser Hinsicht verfolgte er einen härteren Rekatholisierungskurs: Die Brüdergemeinden wurden 1547 und 1548 verboten, ihre Mitglieder verfolgt und verhaftet.

Doch befrieden konnte Ferdinand das Land damit nicht. Böhmen blieb ein Unruheherd. Der Konflikt zwischen katholischen Habsburgern und romabtrünnigen böhmischen Untertanen schwelte fort. 1618 eskalierte die Auseinandersetzung erneut und mit drastischen Folgen: Zwei kaiserliche Statthalter wurden zusammen mit ihrem Sekretär durch aufständische böhmische Adlige aus einem Fenster des Hradschin geworfen. Der Prager Fenstersturz markierte den Beginn des Dreißigjährigen Krieges.

6 Eine große Liebe

DIE VERBINDUNG KATHARINAS VON LOXAN ZUM ERZHERZOG

Allzu gerne wüsste man, wo sich Philippine und Ferdinand das erste Mal begegnet sind, doch leider gibt es darüber keine gesicherten Angaben. Es könnte durchaus sein, dass sich das spätere Paar 1551 in Augsburg kennen lernte, denn Ferdinands Anwesenheit auf dem dort stattfindenden Reichstag ist von Januar bis März belegt. Auch Philippine Welser tritt zu dieser Gelegenheit erstmals stärker ins Rampenlicht der Öffentlichkeit. Der kaiserliche Hofbildhauer Leone Leoni (1509–1590), der in Augsburg weilte, um die hochrangigen Teilnehmer des Reichstages zu porträtieren, darunter Kaiser Karl V., Ferdinand I. und seine beiden Söhne, fertigte bei dieser Gelegenheit auch ein Wachsmodell mit dem Bildnis der prominenten Patriziertochter an. Dieses diente als Vorlage für den Münzguss, den Bischof Granvelle in einem Brief an Leoni wenige Monate später so begeistert lobte (s. Seite 58), ohne dass man dabei die näheren Umstände erfahren würde, wie es zu den Porträtsitzungen gekommen war. Die Medaille mit der Umschrift »Divae Philippinae« (»Der göttlichen Philippine«) zeigt die damals 24-jährige Welsertochter im Seitenprofil mit Haarnetz und flachem Hütchen in einem reich bestickten Kleid mit gerüschtem Stehkragen. Nicht ausgeschlossen, dass sich Philippine und der Erzherzog auf einer der zahlreichen Tanz- und Festveranstaltungen am Rande des Reichstages kennenlernten – doch fehlt dafür ein letzter Beweis.

Ausschlaggebender für die Begegnung waren aber offenbar die persönlichen Beziehungen zwischen den Welsern und den Habsburgern, die vor allem über Philippines Tante Katharina von Loxan (s. Seite 34f.) liefen. So machte der ungestüme Erzherzog auf seinen Jagdausflügen immer wieder Station auf böhmischen Adelssitzen und suchte den gesellschaftlichen Umgang mit Habsburg-freundlichen Geschlechtern. Vom unmittelbaren Kontakt zwischen ihm und Katharina zeugt ein Schreiben von 1556, in dem Ferdinand der Frau von Loxan

Medaille von Philippine Welser. – Leone Leoni nach 1551, Silberguss ziseliert

erlaubt, eine Herde Rinder nach Bayern treiben zu lassen, um sie dort zu verkaufen. Die Verwaltung des Gutes Bresnitz betrieb die Kaufmannstochter offenbar mit aller Gründlichkeit, nicht zuletzt der zahlreichen Gäste wegen, die sie zu bewirten hatte.

Zu diesen zählte seit Mitte der 1550er-Jahre auch immer häufiger ihre Nichte Philippine. Aus welchem Anlass die Welsertochter regelmäßig nach Böhmen reiste, bleibt ungeklärt. Vielleicht wollte sie es ihrer Schwester gleichtun, die mit Albrecht Liebsteinsky von Kolowrat eine gute Partie gemacht hatte. Denn auch die Kolowrats standen in Diensten der Habsburger. Das Haus Katharinas von Loxan war in jedem Fall ein günstiger Ausgangspunkt, um mit Vertretern Habsburgs und ihrer engeren und weiteren Gefolgschaft in Kontakt zu treten. Für Philippine bedeutete das Schloss ihrer Tante zugleich einen gewissen Schutz, bewegte sie sich doch hier immer noch im Kreis ihrer Familie und war amourösen Avancen von Seiten hoher Herrn nicht hilflos preisgegeben. Die Verquickung ihrer bürgerlichen Verwandtschaft mit dem böhmischen Landadel zeigte zugleich interessierten Männern an, dass die unverheiratete Patriziertochter als Frau aus ›gutem Hause‹ zu gelten hatte und für bloße flüchtige Abenteuer nicht zur Verfügung stand.

Unter den wachsamen Augen der Tante vollzog sich – ohne dass sich davon archivalische Belege erhalten hätten – aller Wahrscheinlichkeit nach die erste Begegnung zwischen Philippine und Ferdinand. Dafür spricht die Tatsache, dass sie sich bereits Anfang 1555 im näheren Umkreis des Statthalters von Böhmen bewegte.

DAS MASKENFEST IN PILSEN

Es waren wie gewohnt rauschende Festlichkeiten, die der sinnenfreudige Erzherzog zur Freude seiner Hofgesellschaft zur Faschingszeit 1555 ausrichtete. Wegen der in Prag wütenden Pest war der Hof nach Pilsen ausgewichen, ohne sich dabei jedoch die Feierlaune verderben zu lassen: Auf dem Marktplatz inszenierte Ferdinand vier aufwendig gestaltete Turniere, auf denen die vornehmen Herren und Ritter zum allgemeinen Kräftemessen antraten. Am Abend des 26. Februar fand als gesellschaftlicher Höhepunkt zusätzlich noch ein prächtiger Maskenball statt.

Zu dieser Gelegenheit ist Philippine erstmals als Begleiterin des Erzherzogs zu verorten – und zwar in einer durchaus herausgehobenen Position, die sich von jener der bloß unbeteiligten Zuschauerin unterschied. Auf dem Zenit des Spektakels traten nämlich zu vorgerückter Stunde acht adlige Männer mit einer launigen Darbietung auf. Vier von ihnen verkörperten mit ihren langen Gewändern und blonden Perücken weibliche, die anderen männliche Wassergottheiten. Ihre Gesichter waren durch bunte Masken verhüllt. Mit Kerzen in den Händen und tänzelnden Schritten führten sie zum Gaudium des Publikums italienische Tänze vor, sich dabei fleißig vor den Damen verneigend. Nach der Aufführung dieses Wasserballetts überreichten die Tänzer ausgewählten Damen Geschenke. Philippine Welser wurde am reichsten beschenkt, sie erhielt von allen vier Wassergöttern Gaben. Diese Geste zeichnete sie vor den Augen aller Gäste aus. Der Adel Böhmens hatte sein Haupt

– wenn auch nur aus karnevalesken Gründen – vor einer Nichtadligen gebeugt, der als Begleiterin des Erzherzogs aber die höchste Form der Verehrung in der Runde zukam. Ferdinand, der ebenfalls als Wassergottheit maskiert in Gesellschaft seiner Hofmänner etwas abseits stand, beobachtete die Szenerie zwar als Zuschauer, hatte aber durch seine Einladung und sein informelles Verhalten zugelassen, dass Philippine seinem engsten Umkreis zugeordnet werden konnte.

Über das Verhältnis der beiden zueinander ist damit noch nichts ausgesagt. Ob Philippine zu diesem Zeitpunkt bereits die Geliebte Ferdinands war, bleibt offen. Jedenfalls hatte sie ihn näher kennengelernt und bewegte sich in seinem persönlichen Gefolge. Innerhalb von zwei Jahren wurde aus der losen Bekanntschaft offenbar eine große Liebe, denn im Januar 1557 trat das Paar in Bresnitz den Gang vor den Traualtar an (s. Seite 11f.), hielt dies aber streng geheim. Selbst die weitere Dienerschaft in Bresnitz dürfte nur gerüchteweise von dem Verhältnis erfahren haben.

ABSEITS DER GESELLSCHAFT

Die Geheimhaltung der Ehe hatte für Philippine Vor- und Nachteile. Einerseits ließ sich damit ein offener gesellschaftlicher Skandal vermeiden, blieben doch die Habsburger Verwandtschaft und die Wiener Hofgesellschaft im Unklaren über die wahre Beziehung des Paares; andererseits setzte sich Philippine – zumindest was den Hofklatsch betraf – dem Vorwurf aus, sie sei nur Mätresse und Beischläferin des Erzherzogs – in einer von strikten Moral- und Ständevorstellungen geprägten Gesellschaft keine angenehme Situation für eine Frau aus dem gehobenen Bürgertum. Dass sie diese Entehrung in Kauf nahm, zeigt wohl, dass sie ernsthafte Gefühle für Ferdinand hatte.

Wie schonungslos man mit Frauen umging, die sich in den ›Falschen‹ verliebt hatten, dafür standen Philippine zwei Beispiele aus ihrer Heimatstadt Augsburg vor Augen: Die heimliche Ehe, die die angebliche Baderstochter Agnes Bernauer mit dem Wittelsbacher Albrecht III., dem Sohn Herzogs Ernst von Bayern-München, eingegangen war, endete in einer Tragödie.

Albrecht holte die angeblich sehr schöne Agnes an seinen Münchner Hof und ehelichte sie wenig später. In der Herrschaft Straubing, die Albrecht recht selbstständig verwaltete, trat sie wie eine Herzogin auf. Ernst fürchtete jedoch um die Nachfolge in seinem Land, denn Nachkommen aus der Verbindung seines einzigen Sohnes mit einer Frau niederen Standes wären für die Wittelsbacher-Verwandtschaft unter keinen Umständen als Erben akzeptabel gewesen. So setzte Ernst alles daran, seinen Sohn aus dieser Liaison zu lösen. Während Albrecht auf einem Jagdausflug weilte, ließ der Herzog die ungeliebte Schwiegertochter 1435 verhaften und ohne reguläres Gerichtsurteil am 12. Oktober von der Donaubrücke bei Straubing stürzen und ertränken. Sie war zu diesem Zeitpunkt knapp 25 Jahre alt. Der zunächst untröstliche Albrecht söhnte sich mit seinem Vater wieder aus und heiratete anschließend in zweiter Ehe standesgemäß Anna von Braunschweig.

Auch die Liebesbeziehung der Augsburgerin Clara Tott endete nicht gerade glücklich. Die Tochter eines Ratsdieners verliebte sich am Münchner Hof, wo sie als Hofdame eben jener Anna von Braunschweig diente, unsterblich in Kurfürst Friedrich I. von der Pfalz. Das Paar heiratete wohl um 1462. Aus der Ehe gingen zwei Söhne hervor, die als ehelich anerkannt wurden. Die Beziehung zwischen dem Kurfürsten und der musikalisch begabten Clara am Heidelberger Hof gestaltete sich zwar glücklich, doch bescherte der frühe Tod des Kurfürsten 1476 der Hinterbliebenen ein trauriges Los: Clara wurde von Friedrichs Nachfolger Philipp dem Aufrichtigen neun Jahre lang auf Burg Lindenfels im Odenwald wie eine Gefangene gehalten, um das Geheimnis der Ehe nicht lüften zu müssen. Wo sie nach ihrer Entlassung aus den haftähnlichen Umständen bis zu ihrem Tod lebte, bleibt unklar. Über ihren jüngeren Sohn Ludwig wurde sie zur Stammmutter des heute noch bestehenden Fürstenhauses Löwenstein-Wertheim.

Für Philippine Welser war es daher trotz legitimer Eheschließung keineswegs ausgemacht, wie ihre eigene Liebesgeschichte enden würde. Auch wenn sie nicht um Leib und Leben bangen musste wie einst Agnes Bernauer, so konnte der unvorhergesehene Tod des Gatten doch auch für sie den Absturz bedeuten. Von den Verwandten aus dem Hause Habsburg war für eine aus dem Bürgerstand stammende Witwe nicht viel Verständnis zu erwarten.

Morganatische Ehen

Mit nichtstandesgemäßen Beziehungen taten sich die Adelshäuser zu allen Zeiten schwer. Der Hochadel achtete streng darauf, nur ebenbürtige Partner zu wählen, um sein ›reines blaues Blut‹ nicht zu ›verwässern‹ und eines fernen Tages in den Niederadel abzusteigen. Denn dieses Schicksal drohte nach Auffassung hochmittelalterlicher Rechtssammlungen wie dem Schwaben- und Sachsenspiegel, aber auch noch einiger Rechtsbücher des 15. Jahrhunderts (»Liber de nobilitate« oder »Libellus de Caesarea Monarchia«) jenen Geschlechtern, die sich mehrfach mit sozial niedriger stehenden Familien versippten. Zumindest einzelne Zweige der Verwandtschaft verloren dann die hochfürstliche Abstammung und sanken sozial ab. Dies galt es in den Augen des Hochadels unter allen Umständen zu vermeiden.

Ganz undenkbar waren Ehen mit Bürgerlichen, die kein Adelsdiplom und keine nennenswerte Erbschaft miteinbrachten, obwohl das Römische Recht, das seit dem Spätmittelalter immer stärker rezipiert und angewendet wurde, die Eheschließung zwischen Freien uneingeschränkt erlaubte. Einzelne Dynastenfamilien erließen daher Hausordnungen, die die Partnerwahl und das Erbrecht der daraus entspringenden Kinder regelten: Kinder aus Ehen mit nichtstandesgemäßen Partnern wurden von der Erbfolge ausgeschlossen oder nur beim Aussterben des Hauptstammes der Linie berücksichtigt. Die verschiedenen Zweige des Hauses Sayn-Wittgenstein schlossen 1607 gar einen Erbverbrüderungsvertrag, der Ehen »mit geringen Standespersonen« verbot. Die Regelungen wurden danach immer ausgeklügelter und ausgefallener: Das Hausgesetz der Dynastie König-

segg-Aulendorf machte 1681 die Wahl des Partners vom Nachweis acht adliger Vorfahren abhängig. 1726 zog das Haus Fürstenberg nach. 1732 und 1747 einigten sich die Linien des Hauses Isenburg darauf, nur noch Kandidaten aus gräflichem Geschlecht einheiraten zu lassen. Das Haus Habsburg achtete selbstverständlich ebenfalls auf hochadlige Abkunft seiner Familienmitglieder.
Schlug die Liebe *dennoch* zu, so wurde eine morganatische Ehe oder eine Ehe zur linken Hand geschlossen. Diese Arrangements galten zwar als vollgültig, besaßen aber nicht die gleichen Rechtsfolgen wie eine Ehe unter standesgleichen Partnern. Ein Vertrag regelte dann genau die Versorgung der Witwe und der nichterbberechtigten Kinder sowie deren protokollarischen Rang. Handelte es sich um regierende Fürstenfamilien, waren die Kinder aus diesen Beziehungen, obgleich ehelich geboren und in die höchsten Gesellschaftskreise integriert, von der Thronfolge ausgeschlossen. Sie hatten aber Anspruch auf Unterhalt, der je nach Großzügigkeit des Vaters unterschiedlich ausfallen konnte. Häufig wurden die nichtstandesgemäßen Ehefrauen nachträglich geadelt und im Hofprotokoll weiter nach vorne gerückt – doch blieb dies vom Willen des Ehemannes und seiner Verwandtschaft abhängig. Als Herzog Anton Ulrich von Sachsen-Meiningen 1711 ohne Einwilligung seiner Familie die Kammerfrau Philippine Cäsar heiratete und versuchte, seine Kinder aus dieser Verbindung beim Kaiser für sukzessionsfähig erklären zu lassen und sie zu Herzögen und Herzoginnen von Sachsen zu machen, stieß er auf den geballten Widerstand seiner Familie und mit dieser versippter Häuser. Das Kurfürstenkollegium zwang den Kaiser, die Nachfolgeberechtigung zu widerrufen, was 1747 auch geschah. Erst die Kinder aus Anton Ulrichs zweiter, standesgemäßer Ehe waren anschließend voll erbberechtigt.
Mit der Abschaffung der Monarchie 1918 verschwand auch die Notwendigkeit für morganatische Ehen.

7 Leben in Heimlichkeit

VERBORGENES LIEBESNEST: SCHLOSS BRESNITZ

Auf Schloss Bresnitz konnten sich die Frischvermählten richtig wohl fühlen. Die einst mittelalterliche Burganlage, die im Süden Böhmens am Goldenen Steig, dem viel befahrenen Handelsweg zwischen Prag und Passau, seit der ersten Hälfte des 13. Jahrhunderts entstanden war, verwandelte sich unter der stilsicheren Hand von Georg und Katharina von Loxan in eine komfortable Renaissanceresidenz. Zurückgehend auf den kunstbegeisterten Erzherzog waren Einflüsse der italienischen Renaissance nach Böhmen gekommen, die breit auf das Land ausstrahlten. So arbeiteten Baumeister, Steinmetze, Maurer und Stukkateure von südlich der Alpen nicht nur für den Prager Hof, sondern zunehmend auch für böhmische Adlige, die ihre Schlösser nach den neuesten künstlerischen Gesichtspunkten umbauen ließen. So auch die Loxans. Die von einem weitläufigen Gartenbereich umgebene repräsentative Schlossanlage mit reichem Sgraffitiputz an den Außenwänden bot in ihrem Innern eine Reihe von behaglichen Wohnräumen mit Kachelöfen, Wandvertäfelungen, Teppichen und wertvollem Mobiliar. Vom Geschmack der Erbauer zeugt der heute noch erhaltene, halbhoch mit Holz getäfelte Speisesaal mit seinen hohen Fenstern und der von den Loxans eingerichtete Bibliotheksraum, der noch in seinem Erbauungszustand von 1558 erhalten geblieben ist und damit als älteste Schlossbibliothek Tschechiens gilt. Er besitzt einen sechs mal sechs Meter großen Grundriss und eine bunt dekorierte Balkendecke. Künstlerisch herausragend sind vor allem die üppigen Wandfresken mit orientalischen Motiven. In den Bücherschränken schlummerten einst einige der ältesten Handschriften und Bücher Böhmens, die später den Grundstock des tschechischen Nationalmuseums bildeten.

In diesem gehobenen Ambiente darf man sich Philippine und Ferdinand vorstellen, wie sie sich an einem der schweren Tische über die eine oder andere bibliophile Kostbarkeit beugten und die Buchmalereien und kalligraphischen Besonder-

Das Renaissanceschloss Bresnitz im südlichen Böhmen

heiten bewunderten. Es war ein geistig anregendes Umfeld, in dem sich Philippine und Ferdinand in den 50er- und 60er-Jahren des 16. Jahrhunderts in Böhmen bewegten. Dank des Kulturaustausches über den erzherzoglichen Hof rezipierten auch böhmische Landadlige die Werke humanistischer Dichter wie David Crinitus und Martin Hanno.

Das behagliche Schloss mit seinen Dielenböden, Fensterverglasungen und beheizbaren Zimmern bot dem jungen Paar einen idealen, vom Prager Trubel abgegrenzten Schutzraum, in dem es seine heimliche Liebe ebenso intim wie verschwiegen ausleben konnte.

DIE GEBURT DES ERSTEN SOHNES

Es dauerte nicht lange, bis sich bei dem Paar Nachwuchs einstellte. Philippine, die für die Außenwelt immer noch als unverheiratet galt, musste die Schwangerschaft so gut es ging verheimlichen. Sie wird wohl während dieser Zeit Schloss Bresnitz kaum verlassen haben. Unter dem Beisein möglichst weniger Mitwisser vollzog sich dann am 15. Juni 1558 auch die Geburt ihres ersten Kindes. Nur die treue Tante Loxan und ihre Tochter sowie eine Hebamme waren anwesend, als die Wehen einsetzten und um Mitternacht ein gesunder Sohn zur Welt kam. Von den Vorgängen berichtet Erzherzog Ferdinand selbst in einem Geburtsprotokoll, um zu bestätigen, dass Philippines Sohn sein rechtmäßiges und vor allem ehelich geborenes Kind sei: »Den 15. Juni im 1558 Jahr an Sankt Veitstag zwischen 11 und 12 in der Nacht ist mein Sohn mit Namen Andreas ehelich geboren worden zu Bresnitz in Beisein meiner (Gattin), der Frauen Katharina, Witwe von Loxan, und ihrer ältesten Tochter Jungfrau Katharina und der Anna Ebesamin, dazumal Witwe und Hebamme.«

Philippine und Ferdinand waren stolze Eltern geworden, doch offen zeigen durften sie ihr Glück nicht. Peinlich genau achteten sie auf die Geheimhaltung ihrer Ehe, die aber konsequenterweise auch eine öffentliche Anzeige der Geburt des Sohnes Andreas verhinderte. Keine Salutschüsse, keine Tauffeierlichkeiten, keine große Gästeschar durften daher das freudige Ereignis begleiten. Vielmehr galt es, Philippine vor Gerüchten zu schützen, sie habe ein uneheliches Kind zur Welt gebracht. Da der Säugling allerdings bereits schreiend in der Wiege lag, musste man sich ein Verfahren überlegen, welches die kleine Familie unauffällig, aber dennoch auf Dauer zusammenbrachte. Philippine konnte sich hier auf die Fantasie und die Unterstützung ihrer Verwandten verlassen, die mit Hilfe eines Tricks die komplizierte Situation lösten und die Klippen der Gerüchteküche umschifften.

DAS VERFAHREN ZUR ANNAHME DES KINDES

Am 21. Juni, also eine Woche nach der Entbindung Philippines, machte der Torwärter von Bresnitz eine seltsame Entdeckung: Zwischen den Schlosstoren lag ein kleines wimmerndes Bündel, das sich bei näherer Betrachtung als ausgesetztes Baby erwies. Der aufgeregte Torwärter brachte es sofort ins Schloss, wo es von der Schlossherrin in Empfang genommen und zu Philippine getragen wurde. Diese zeigte sich rührend besorgt und beschloss, den Säugling bei sich zu behalten und an Kindesstatt anzunehmen. Damit folgte sie einem Rechtsbrauch, der schon im Römischen Recht Anwendung gefunden hatte. Demnach erwarb jeder, der ein ausgesetztes Neugeborenes fand und bei sich aufnahm, automatisch die Vatergewalt über dieses Kind. Katharina von Loxan und ihre Tochter, die den kleinen Andreas höchstpersönlich vor die Schlosstore gelegt hatten, sorgten mit diesem Vorgang dafür, dass Philippine das Kind unauffällig annehmen und wie ein eheliches behandeln konnte.

Die Familienzusammenführung hatte damit geklappt, der Sohn konnte getauft und im Kreise der Familie erzogen werden. Wiederum gibt Erzherzog Ferdinand in seinem Dokument recht offen Auskunft über das Versteckspiel, um die wahren Hintergründe aufzuklären: »Dem 21. desselben Monats ist er zwischen den Toren zu Bresnitz (...) durch Frauen Katherina Witwe von Loxan und ihrer ältesten Tochter Jungfrau Katharina gelegt worden für ehelich und durch den Torwartel gefunden worden, demselben Tag christlich getauft durch meinen Kaplan Jacob von Sterlowitz.« Als Paten und Zeugen des Geschehens fungierten Ferdinands Kämmerer Ladislaus von Sternberg, Tante Katharina von Loxan, des Weiteren Ferdinand von Loxan, Katharinas Sohn und Burghauptmann von Bresnitz, sowie ein Diener Philippines, Josef Hohenwarter. Der kleine Andreas konnte somit in Bresnitz behütet bei seinen Adoptiveltern aufwachsen, die kurioserweise gleichzeitig seine biologischen Eltern waren. Erzherzog Ferdinand, dem Königs- und Kaisersohn, dürfte das verschämte Verfahren wohl schwergefallen sein, weshalb er Wert darauf legte, die eheliche Abkunft seines Sohnes zu dokumentieren.

AUSSÖHNUNG MIT DEM VATER

Trotz strengster Geheimhaltung konnte es nicht ausbleiben, dass sich Gerüchte um das eheähnliche Leben der beiden Verliebten auf Schloss Bresnitz verbreiteten. Auch dem gestrengen Kaiser in Wien kamen unschöne Dinge zu Ohren. Selbstverständlich war Ferdinand I. über das eigenmächtige Vorgehen seines Sohnes aufs Äußerste erzürnt, doch gelang es Vermittlern, die Versöhnung zwischen Vater und Sohn herbeizuführen, die sich in einem schriftlichen Vergleich vom 1. August 1559 niederschlug. Darin bekannten Philippine und Ferdinand, dass sie geheim und ohne Zustimmung des Vaters geheiratet und daher »gröslich wider Ihre Majestät« gehandelt hätten. Philippine räumte ein, dass sie völlig zu Recht in Ungnade gefallen sei. Trotzdem gewährte der gekränkte Vater und Schwiegervater seine Verzeihung, verpflichtete aber das Paar zur weiteren strengsten Geheimhaltung der Ehe. Die Kinder wurden von der regulären Erbfolge ausgeschlossen; nur wenn alle männlichen Nachkommen des Hauses verstorben wären, sollten sie bei der Sukzession berücksichtigt werden. Dennoch regelte Ferdinand I. die Zukunft seiner Enkelsöhne: Er gewährte ihnen jährliche Zuweisungen von 10 000 Gulden, dazu Zoll- und Steuerfreiheit im ganzen Reich und die Möglichkeit, mit kirchlichen Würden und weltlichen Herrschaften, die ihr Vater für sie erwarb, ausgestattet zu werden. Zukünftig geborenen Töchtern stand ein Heiratsgut von 10 000 Gulden zu, für Philippine war eine Witwenrente von 3000 Gulden vorgesehen.

Der Kreis der Mitwisser wurde über die bereits Eingeweihten hinaus um die Mutter Philippines, eine Amme und eine Kammerfrau erweitert; Ferdinands Brüder sollten vom Vater über die geheime Ehe unterrichtet werden. Der Vergleich, der 1561 nochmals und unter Zustimmung von Ferdinands Brüdern Maximilian und Karl bestätigt wurde, fiel dem Kaiser nach eigenem Bekunden nicht leicht. Er gab zu, dass ihm die unstatthafte Beziehung seines Sohnes zu einer Bürgerlichen schwer auf dem Gemüt laste und er nur aus väterlichem Mitgefühl Gnade gewährt habe. Immerhin scheint er sich aber mit der Situation bis dahin arrangiert zu haben, denn er erhöhte die Leibrente der Enkelsöhne auf zusammen 30 000 Gulden und gab seine Zustimmung zur Erweiterung des Mitwisserkreises um Philippines Hofmeister und Ferdinands Oberkämmerer. Außerdem sicherte er der nie gesehenen Schwiegertochter samt ihren Kindern eine »getreuliche und ungefahrliche« Behandlung zu. Dies war ein deutlicher Hinweis, dass der Kaiser an einem befriedeten Verhältnis in seiner Familie interessiert war und Philippine seinen Schutz gewährte.

Dennoch sorgte sich der Erzherzog in seinem Testament von 1570 noch um die Versorgung seiner Gemahlin. Er wandte sich unter Berufung auf die Vereinbarungen von 1559 und 1561 an seine Brüder mit der Bitte, seine Gemahlin und seine Söhne im Falle seines Ablebens zu schützen und eine auskömmliche Witwenversorgung zu gewähren, »damit unsere Gemahlin nicht zu ihren Freunden oder zu Fremden ziehen müsse«, denn da dieselben um die eheliche Heirat nicht wüssten, könnten »viel unbilliger Beschwerden und allerhand Unfreundschaft« entstehen. Dies war umso wichtiger, als der Erzherzog die eigenen Finanzen nicht in den Griff bekam: Von der Morgengabe über 15 000 Gulden, die er Philippine nach der Verheiratung gewährt hatte, war kaum mehr etwas übrig – bis auf 467 Taler hatte sie ihm das Geld zurückgeliehen. Weitere Verbindlichkeiten des Erzherzogs gegenüber seiner Gattin summierten sich insgesamt auf 28 000 Gulden. Diese sollten Philippine zusätzlich zu ihrer vereinbarten Witwenversorgung erstattet werden.

8 Ein neues Domizil: Die Königsburg Pürglitz

FAMILIENIDYLL IN DICHTEN WÄLDERN

Kurz nach dem Ausgleich mit dem kaiserlichen Familienoberhaupt bezog Philippine ein neues Domizil, das näher an Prag lag als das Schloss ihrer Tante. Die alte Königsburg Pürglitz (Krivoklát), nur etwa 50 Kilometer von der böhmischen Hauptstadt entfernt und damit an einem Reisetag zu erreichen, zählte zu den ältesten und bedeutendsten Burgen des Landes. Die umliegenden tiefen Wälder gehörten schon früh zu den bevorzugten Jagdrevieren der böhmischen Könige. Auch Kaiser Karl IV. und sein Sohn Wenzel hatten sich hier länger aufgehalten. Trotz eines größeren Umbaus durch König Wladislaw II. Jagiello um 1500 hatte die Burg, deren Ursprünge auf den Anfang des 12. Jahrhunderts zurückgehen, ihr mittelalterliches Aussehen weitgehend behalten. Hinter ihren dicken Mauern befanden sich ein monumentaler Burgturm, eine wunderbar gestaltete spätgotische Burgkapelle, ein Königlicher Saal mit Netzgewölbe, ein zweiter Rittersaal, dazu Wohnräume, aber auch diverse Gefängniszellen.

Da sich das Königsschloss im Pfandbesitz von Ladislaus von Sternberg befand, der mittlerweile mit Katharina von Loxan jr. verheiratet war, bot sich die abseits von Prager Residenztrubels gelegene Burg, die der Erzherzog von zahlreichen Jagdausflügen her bestens kannte, als Familiensitz für das Paar geradezu an. 1560 packte Philippine ihren Hausstand zusammen und zog mit ihrem Söhnchen Andreas zu ihrer Cousine in das imposante alte Burggemäuer. Der Erzherzog konnte nun wegen der besseren Erreichbarkeit des neuen Wohnortes häufiger bei seiner Familie weilen. Die nächsten sieben Jahre, die das Paar hier verbrachte, verliefen in stiller Zufriedenheit, nur unterbrochen von wenigen Aufenthalten in Prag und seltenen Jagden und Ritterspielen in Pürglitz. Philippine brachte hier drei weitere Kinder zur Welt und stand einem kleinen Hofstaat vor. Das Familienglück scheint ungetrübt gewesen zu sein, denn noch zu der Zeit, als das Paar längst in Innsbruck lebte, sollte es regen Kontakt nach Pürglitz halten: Der Erzherzog suchte die Wälder weiterhin zur Jagd auf, verfolgte mit Interesse die Verwaltung des Gutes und die Pflege des Wildes und ließ sich aus der einstigen Heimat kulinarische Spezialitäten wie Morcheln, lebende Rebhühner, Fasanen und Auerhähne nach Innsbruck liefern.

DIE ANKUNFT DER MUTTER ANNA WELSER

Zum Wohlbefinden Philippines trug mit Sicherheit die Anwesenheit ihrer Mutter Anna bei. Durch die Versöhnung mit dem Schwiegervater war es möglich geworden, die alte Welserin in Augsburg über die Hochzeit ihrer Tochter und die Geburt des ersten Enkelsohnes zu informieren. Sofort gab Anna Welser ihr Augsburger Bürgerrecht auf und siedelte nach Pürglitz über. Mit dabei hatte sie ihren Sohn Karl, Philippines jüngeren Bruder. Der Abschied von Augsburg war endgültig. Nie mehr wieder sollten Anna und Karl Welser in ihre schwäbische Heimatstadt zurückkehren. Vater Franz Welser lebte zu diesem Zeitpunkt bereits von seiner Familie getrennt und hatte kaum mehr Kontakt zu ihr. Bis zu ihrem Tod weilte Anna daher in der Nähe ihrer Tochter und teilte alle ihre Sorgen und Nöte. Damit hatte Philippine ihre engste Verwandtschaft um sich geschart, denn neben ihrer Mutter standen ihr der Bruder Karl, weiterhin die Tante Katharina, deren Tochter und Schwiegersohn, zur Seite. Die familiäre Atmosphäre in Pürglitz unterschied sich somit vom prachtvollen, aber auch zeremoniell-steifen Leben der fürstlichen Höfe. Die mütterliche Fürsorge war indes besonders gefordert, denn Philippine kam in den nächsten Jahren mit weiteren Kindern nieder.

DIE GEBURT DES SOHNES KARL UND DER ZWILLINGE

Wiederum war es kurz vor Mitternacht, als am 22. November 1560 dem Paar ein zweiter Sohn namens Karl geboren wurde. Mutter, Tante, Cousine, eine Hebamme und zwei weitere Dienerinnen standen Philippine in ihren schweren Stunden bei.

Der erzherzogliche Vater achtete wie schon bei der Geburt seines Ältesten auf eine genaue Protokollierung der Vorgänge, um keine Zweifel an der legitimen Herkunft seines Sohnes aufkommen zu lassen. In einer Urkunde bestätigte er seine Vaterschaft: »Ein Viertel vor 12 Uhr in der Nacht ist mein Sohn mit Namen Carel ehelich geboren worden zu Pürglitz auf dem königlichen Schloss in Beisein (…) der Frauen Anna Welser, Frau Katharina Witwe von Loxan, Frau Katherina Sternberg, geborene von Loxan …« Um das Kind in die Familie aufnehmen zu können, wandte man den gleichen Trick wie vor zwei Jahren an, verzichtete aber angesichts der Winterkälte darauf, den Neugeborenen im Freien vor den Burgtoren abzulegen: »dem 29 desselben Monats ist er vor des Herren Laslo von Sternbergs Zimmer zu Pürglitz auf dem königlichen Schloss zwischen 6 und 7 nachmittag für ehelich gelegt worden (…) und gefunden worden durch den Morawez des von Sternbergs Diener.« Das Prozedere spielte sich also dieses Mal innerhalb der (wärmeren) Burgräumlichkeiten ab. Anschließend wurde der kleine Karl vom Priester Cavalerii getauft; als Paten fungierten Graf Franz von Thurn, Graf Alois Lodron, Ladislaus von Sternberg und Katharina von Loxan.

Andreas und Karl, von denen das Kunsthistorische Museum in Wien ein berührendes Kinderporträt aus dem Jahr 1563 bewahrt, sollten die einzigen überlebenden Kinder Philippines und Ferdinands bleiben. Blond und pausbäckig blicken die beiden Buben, adrett in schicke spanische Mode aus dunkelrotem Samt gekleidet, dem Betrachter entgegen. Beide tragen am Gürtel ein Schwert, das sie bewusst als Angehörige des Hochadels kennzeichnet. Offenbar legte der Erzherzog viel Wert auf die standesgemäße Zuordnung seiner Kinder – trotz strengster Geheimhaltung seiner Ehe. Auf Burg Pürglitz übernahm Ladislaus von Sternberg ihre Erziehung.

Im für damalige Verhältnisse hohen Alter von 35 Jahren brachte Philippine am 7. August 1562 ein Zwillingspärchen zur Welt. Die Geburt war offenbar außerordentlich schwer, denn Philippine erholte sich nur schleppend davon. Die sehr schwachen Kinder, ein Junge namens Philipp und ein Mädchen mit

Andreas von Österreich und Karl von Burgau. – Deutscher Meister, um 1563

Namen Maria, hatten nur geringe Überlebenschancen. Doch trotz der schwierigen Umstände musste das Versteckspiel erneut aufrechterhalten werden: Am Tag nach der Geburt erschienen Katharina von Loxan und ihr Diener Wenzl Schissowski vor Burg Pürglitz mit je einem der neugeborenen Babys auf den Arm und brachten sie unter dem Vorwand, eine Frau habe sie ihnen überlassen, zu Philippine. Sie wurden vom vertrauten Priester Cavalerii getauft und in die Familie aufgenommen. Ob der mehrfachen Mutter der verschämte Umgang mit der Geburt der eigenen Kindern nicht allmählich zuwider wurde, ist nicht überliefert. Erahnen lässt sich aber doch der Schatten, der sich mit den Jahren und mit wachsender Kinderschar allmählich über das Familienleben legte. Frei und unbeschwert konnte sich das Paar im höfischen Alltag nicht zeigen, und den Kindern haftete zumindest nach außen der Makel des Findelkindes unbekannter Herkunft an.

Zu den Bedrückungen infolge der Geheimhaltung der Ehe trat binnen Jahresfrist der äußerst schmerzliche Verlust der Zwillingskinder. Philipp und Maria überstanden das erste Lebensjahr nicht. Sie starben bereits im Januar des folgenden Jahres und wurden zunächst in Böhmen bestattet. Später entdeckte man ihre kleinen Leichen in der Innsbrucker Hofkirche bei Restaurierungsarbeiten in der Gruft. Offenbar war man bemüht gewesen, die erzherzogliche Familie auch im Tod beisammen zu halten, und hatte die Kindersärge nach Innsbruck überführt, als die Eltern dorthin umgezogen waren.

DIE VORBEREITUNGEN ZUM UMZUG NACH TIROL

Inzwischen zeichnete sich ab, dass auch Pürglitz nur eine Zwischenstation im Leben Philippines und Ferdinands sein sollte. Die Jahre als böhmischer Statthalter neigten sich für den Erzherzog allmählich dem Ende entgegen. Schon 1554 hatte Ferdinand I. sein Erbe testamentarisch unter seinen drei Söhnen aufgeteilt und dabei die Herrschaft über Tirol und die Vorlande seinem Zweitgeborenen zugebilligt. Für Tirol bedeutete dies, dass es nach einer Phase der Abstinenz unter Kaiser Maximilian und seinen Nachfolgern nun endlich wieder einen eigenen Landesfürsten mit Residenz in Innsbruck haben würde. Dies war ganz im Sinne der Tiroler Landstände, die den Bedeutungsverlust ihres kleinen, aber reichen Landes angesichts der Expansion des Habsburgerreiches nach Osten fürchteten. Sie pochten daher darauf, möglichst bald wieder einen eigenen Regenten im Land begrüßen zu dürfen, auch wenn dies, wie sich noch zeigen sollte, mit einer hohen Finanzbelastung angesichts einer fürstlichen Hofhaltung einherging.

Auf einem Landtag von 1563 wurde der Erzherzog als neuer Landesfürst angenommen, doch verzögerte der Tod Ferdinands I. im Jahr 1564 die Übersiedelung der erzherzoglichen Familie nach Innsbruck. Kaiser Maximilian II. benötigte eine gewisse Einarbeitungszeit und bat daher seinen Bruder, noch einige Jahre in Böhmen zu verweilen. Dieser gab nach, bereitete aber im Stillen seinen Umzug nach Innsbruck sorgfältig vor. So überschrieb er bereits im März 1564 das im November zuvor noch vom Vater aus der Schuldpfandschaft gelöste Schloss Ambras samt dazugehörender Herrschaften seiner Frau Philippine. Er ließ die alte Burg, die nahe an Innsbruck lag, aber doch nicht zur ›offiziellen‹ Hofburg gehörte, in den folgenden Jahren als herrschaftliche Residenz für seine Familie ausbauen. Noch von Böhmen aus veranlasste er den Bau des Südtrakts des Schlosses als Verbindung zwischen Gefängnisturm und Bergfried und die Erhöhung des gesamten Bauwerks um ein drittes Stockwerk. Bis zum wirklichen Umzug der Familie im Jahr 1567 waren alle Räumlichkeiten bezugsfertig und boten Philippine und ihren Kindern gehobenen Wohnkomfort. Die neue Schlossherrin übernahm damit eine schlüsselfertige Residenz.

FERDINANDS UNGARNFELDZUG 1566

Bevor die schönen Tage in Innsbruck anbrachen, hatte Erzherzog Ferdinand noch ein Abenteuer der besonderen Art zu überstehen. Wie schon zehn Jahre zuvor musste er auch 1566 gegen die Türken zu Felde ziehen, die in schöner Regelmäßigkeit die Grenzen des Habsburgerreiches bedrohten. Im Spätsommer 1566 waren die osmanischen Truppen unter der Führung des greisen Sultans Süleyman dem Prächtigen erneut in Südungarn eingefallen und hatten unter großen Opfern die Stadt Szigetvár im Raum von Pécs (Fünfkirchen) eingenommen. Nach dem überraschenden Tod des Sultans im Feldlager zog das osmanische Heer zwar wieder ab, doch Kaiser Maximilian II. sah sich dennoch veranlasst, seine eigenen Truppen nach Ungarn zu beordern, und bat dazu auch seinen Bruder Ferdinand um Hilfe. Schweren Herzens trennte sich der Erzherzog von seiner Familie und zog ins Feldlager nach Ungarn – eingedenk des Erfolgs seines ersten Ungarnfeldzuges (1556), als es ihm gelungen war, die Festung Korothna zu erobern, was ihm die Aufnahme in den Orden vom Goldenen Vlies beschert hatte.

Doch dem militärischen Unternehmen war diesmal kein Erfolg beschieden. Das kaiserliche Heer löste sich auf, noch bevor es zu größeren Kampfhandlungen gekommen war. Mehr als einige Scharmützel wurden nicht geschlagen und schon gar

Erzherzog Ferdinand II. – Gemälde von Francesco Terzio, nach 1557

nicht Szigetvár zurückerobert. Ferdinand, den offenbar eine Krankheit aufs Bett geworfen hatte, zog sich ebenfalls früh aus dem Kampfgebiet nach Hause zu Philippine zurück und musste danach einige Wochen in seinen böhmischen Schlössern das Bett hüten. Der Ungarnfeldzug von 1566 blieb lediglich eine Fußnote in der Geschichte der Türkenkriege.

Wohl um das eigene Versagen als Feldherr zu kaschieren, suchte Kaiser Maximilian II. in einem Brief an seinen Schwager, Herzog Albrecht V. von Bayern, eine ganz andere Erklärung für den gescheiterten Feldzug: Nicht die Erkrankung Ferdinands, sondern der unglückselige Einfluss Philippines sei die Ursache des verfrühten Abzuges gewesen. Die Welserin hätte ihrem Gatten »Brieflein« geschrieben und ihn emotional so bewegt, dass er davon krank und depressiv geworden sei und nicht mehr habe kämpfen können. »In Summa ich glaub gewiß, er sei verzaubert, da ihm etlich Brieflein von der losen Brekin

Das Arzneimittelbuch der Anna Welser

Kurz nachdem Anna Welser zu ihrer Tochter nach Böhmen gezogen war, legte sie ein Rezeptbuch an, das ihre praktischen Erfahrungen mit der Wirkung von Heilkräutern festhielt. Zunächst wohl als weiteres Kochbuch (s. S. 37ff.) geplant, das mit der Zubereitung von Rosen-, Veilchen- und Quittensaft beginnt, entwickelte sich das eigenhändig von Philippines Mutter in Kanzleikursive geschriebene Büchlein im Laufe der Zeit mehr und mehr zu einem Arzneimittelbuch, das Anleitungen zur Herstellung von Säften und Tinkturen gegen vielerlei Beschwerden gibt. Das heute auf Schloss Ambras aufbewahrte, 129 Blatt umfassende Werk entstand in den Jahren zwischen 1560 und 1570. Anna Welser war eine praktisch veranlagte Frau und keine Gelehrte mit wissenschaftlichen Vorkenntnissen. Während die an den Universitäten vermittelte Schulmedizin von den Grundlagen der antiken und der griechisch-arabischen Medizin ausging und sich vorwiegend auf theoretische Erkenntnisse stützte, griff sie selbst ausschließlich auf ihre eigenen praktischen Erfahrungen zurück. Es ging ihr nicht um eine Systematisierung der Pflanzen nach botanischen Gesichtspunkten, sondern ausschließlich um deren Wirkung auf die Gesundheit des Menschen. Selbst der Leibarzt ihres erzherzoglichen Schwiegersohnes Ferdinand, Pietro Andrea Mattioli, der selbst ein berühmtes Pflanzenbuch geschrieben hatte und zu den Experten auf diesem Feld zählte, hatte keinerlei Einfluss auf ihre Arbeit.

So findet man in Anna Welsers Buch eine ziemlich ungeordnete Ansammlung von Rezepten, mit denen man aber eine große Spannbreite an Krankheiten kurieren konnte. Gegen Probleme, die von Ohrenschmerzen über Husten und triefende Augen bis hin zu Bauch- und Magenschmerzen, Verstopfung, Migräne, Gelbsucht, Fieber und Zahnbeschwerden reichten, hielt Philippines Mutter stets ein Mittelchen parat. Dabei unterschied sie sorgfältig zwischen Kinder- und Erwachsenenkrankheiten und wies besonders häufig auf den Wert der Zahnpflege hin. Sauberkeit bei der Herstellung der medizinischen Tinkturen war ihr oberstes Prinzip! Als Kostproben aus den Hausrezepten seien hier ein Beispiel zur Behandlung von Halsschmerzen und entzündeten Augen genannt: »Ein gar bewährtes gutes Gurgelwasser: Nehmt zwei Löffel Wein, zwei Löffel Rosenwasser, zwei Löffel voll gebranntes Wehgraswasser, einen Löffel voll Nussschalensaft, einen Löffel Maulbeersaft. Das alles wohltemperiert und warm am Tag dreimal gurgeln. Warm.«

Wie die starken Abnutzungsspuren der Blätter zeigen, wurde Annas Buch oft und gern benutzt. Dass die Rezepte praktische Anwendung fanden, darauf weist die Autorin selbst hin, wenn sie bewährte Rezepturen, die ihr von Dritten angeraten wurden, in ihr Werk aufnahm: »Mir gegeben von der Frau von Raytt«, notierte sie dann beispielsweise.

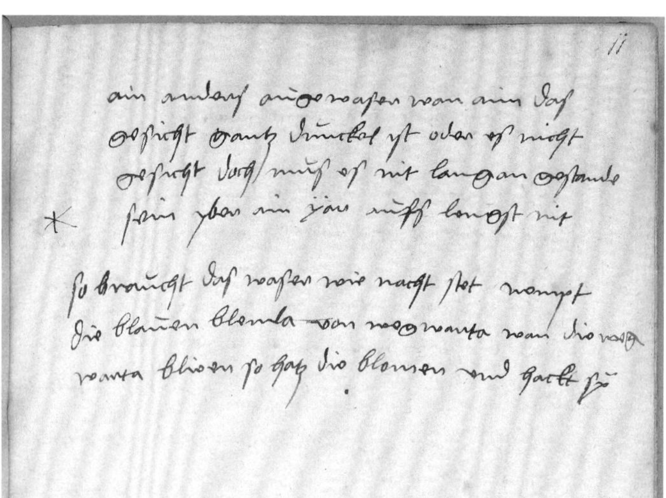

Seite aus dem Arzneimittelbuch der Anna Welser. – 1560–70

(Hündin) kommen seind. Bald danach hat er weder Tag noch Nacht Ruhe gehabt, sondern melancholisiert und gar in ein Fieber geraten (...), ich wollt, dass die Brekin in einem Sack steckt.« Das waren gefährliche Worte des Kaisers über seine bürgerliche Schwägerin, die er nur widerwillig an der Seite seines Bruders duldete. Am liebsten hätte er sie in einen Sack gesteckt und wie Agnes Bernauer im Wasser ertränkt, obwohl die väterliche Verzeihung von 1559 schon vor Jahren solch einem Ansinnen einen Riegel vorgeschoben hatte.

Weder der gescheiterte Feldzug noch der überzogene Wutausbruch Maximilians wären erwähnenswert, wenn nicht die kleine Anekdote einen weiteren Wesenszug Philippines offenbaren würde: Ihr Interesse an Medizin und Heilkunde. Philippines fundiertes Wissen über die Wirkung von Heilkräutern machte sie zu einer gewissenhaften Krankenpflegerin ihrer Umgebung. Ferdinand, der immer wieder unter Stimmungsschwankungen, Herzklopfen, Magenverstimmungen, Gicht und Harnsteinen litt, schätzte ihr Wissen sehr und ließ sich von ihr durch Bäder, Salben, Tees und die Zubereitung von Schonkost behandeln. Gegen Migräne bekam er Umschläge aufgelegt. Philippine stand ihrem Mann bei seinen Erkrankungen hilfsbereit zur Seite. Sie hoffte, ihn mit allerlei Heilmittelchen kurieren zu können, wobei sich freilich noch viel Abergläubisches in die Heilkunst der Zeit mischte. Das medizinische Interesse hatte Philippine jedenfalls von ihrer Mutter Anna geerbt, die ihre Erfahrungen in einem eigenen Arzneimittelbuch zusammenstellte.

Inwieweit die Rezepturen tatsächlich heilende Wirkung entfalteten, muss dahingestellt bleiben. Jedenfalls genossen Anna und Philippine Welser in ihrer Umgebung einen guten Ruf als Krankenpflegerinnen und Heilerinnen. Schon in Pürglitz scheinen die beiden ihr Hofgesinde, aber auch die Bauern der Umgebung mit ihren Gesundheitstipps eingedeckt zu haben – eine Gepflogenheit, die sie in Tirol noch weiterentwickelten, ebenfalls begleitet von einem positiven Echo der Zeitgenossen. Allerdings wurden Philippines pharmazeutische Kenntnisse von Autoren des 19. Jahrhunderts gnadenlos überbewertet und nachgerade zum Mythos hochstilisiert. Denn so sehr das eine oder andere Hausmittel auch geholfen haben mag – es mischte sich noch viel Mittelalterlich-Rustikales unter die Rezepte: Da wurde zur Linderung von Bauchschmerzen das Auflegen einer noch schlachtwarmen Schafshaut über den bloßen Leib empfohlen; die Gebärmutter beruhigten die Welserinnen mit dem Auflegen einer im Spätsommer abgezogenen Hirschhaut; Hautausschlag kurierten sie mit zerstoßenen Krebseiern, Magenschmerzen mit Kapaunenschmalz, die Pest mit Aderlässen und einem Sud aus Latwerge, einem eingekochten Obstmus, und so fort.

Zur Ehrenrettung der beiden ›Kräuterhexen‹ sei jedoch darauf hingewiesen, dass der Stand der Schulmedizin im 16. Jahrhundert nicht viel besser war. Bis zur Entwicklung der Bakteriologie im 19. Jahrhundert tappte man bei der Suche nach den meisten Krankheitsursachen noch im Dunkeln. Gegen Pest, Syphilis und Cholera war eben kein Kraut gewachsen. So waren es wohl weniger die medizinischen Kenntnisse, die die Welser-Frauen auszeichneten, als vielmehr ihre Hinwendung zum Nächsten. Anna und Philippine Welser kümmerten sich um das Wohlbefinden der Menschen in ihrer Umgebung, auch jener, die sozial unter ihnen standen, und dies hob sie gegenüber ihren hochadligen Standesgenossinnen heraus.

PHILIPPINE WELSER UND DIE REFORMATION

Mit der Ausbreitung der Reformation begann sich ein Riss durch so manche Familiengeschichte zu ziehen, denn die konfessionelle Spaltung machte auch vor den Angehörigen eines berühmten Hauses wie der Welser keinen Halt: Unter den Nachkommen Bartholomäus Welsers fanden sich Parteigänger der Lutheraner wie der Katholiken. Der Nürnberger Zweig der Familie hing bis zum frühen 17. Jahrhundert geschlossen der Reformation an. Aus Philippines engstem Verwandtenkreis neigten ihr Vater und ihre Tante Katharina von Loxan dem Protestantismus zu, auch ihrem Onkel Konrad Peutinger sagte man Sympathien für die neue Lehre nach. Sie selbst blieb jedoch eine treue Katholikin. Von ihrer persönlichen Frömmigkeit zeugt ein Gebetbuch, das kurz nach ihrer Hochzeit in Prag

Gebetbuch der Philippine Welser mit Miniaturen und Abbildungen. – Entstanden zwischen 1557 und 1560 in Prag oder Süddeutschland

oder Süddeutschland in Auftrag gegeben worden war: Der in schwarzen Samt eingeschlagene, kostbare Pergamentband enthält auf 257 Blättern neben den zehn Geboten, dem Glaubensbekenntnis und dem Ave Maria eine Vielzahl von Gebeten für unterschiedliche Anliegen, so Gebete für eine gute Ehe, für eine gefahrlose Geburt, für Verstorbene und zu verschiedenen Tages- und Jahreszeiten. 240 Blätter sind durch Pflanzen-, Blumen- und Tierdarstellungen in den Randleisten, durch Dekorinitialen und Bildtafeln bereichert. Auf dem Vorderdeckel ist ein Porträt Erzherzog Ferdinands II. mit der Ordenskette des berühmten Ordens vom Goldenen Vlies, in den er im März 1557 aufgenommen worden war, angebracht. Darstellungen des letzten Abendmahles und der Dreifaltigkeit betonen bildlich den Wert der Eucharistie. Die Pflanzen- und Tierdarstellungen sind inhaltlich auf den Text abgestimmt, doch zeugen die überaus detailliert gearbeiteten Pflanzenbilder von Philippines botanischem Interesse: Adonisröschen, Erbsenschoten, Enzian, Maiglöckchen, Hahnenfuß, Rosen und vieles mehr erfreuten ihre

Augen beim stillen Gebet. Nicht unwesentlich dabei ist die Tatsache, dass gerade um die Zeit der Entstehung des Gebetbuches der berühmte Arzt und Botaniker Pietro Andrea Mattioli in Prag weilte, der hier vielleicht beratend eingegriffen hat.

Obwohl Philippine dem katholischen Glauben anhing und regelmäßig die Sakramente empfing, war sie keine Geiferin. Vielmehr setzte sie sich während ihres Aufenthalts in Pürglitz für die Freilassung zweier langjährig inhaftierter Glaubensabtrünniger ein: Jan Augusta war Bischof der den Protestanten nahestehenden Böhmischen Brüdergemeinde und hatte vor der Schlacht von Mühlberg zu den Aufständischen gegen Kaiser Ferdinand I. gezählt. Deswegen war er zusammen mit seinem Weggefährten Jakob Bilek gefangen genommen und eingekerkert worden. Da Pürglitz über sichere Gefängniszellen verfügte, hatte man sie dort untergebracht. Gemeinsam mit Ladislaus von Sternberg drängte Philippine kurz vor Ostern 1561 auf Hafterleichterungen für die nun schon insgesamt zwölf Jahre eingesperrten Männer. Cavalerii, ihr Traupriester, führte zunächst Glaubensgespräche, um die beiden Böhmischen Brüder zum Widerruf ihrer Lehre zu bewegen. Die Verhandlungen darüber stockten. Doch dann erschien Philippine persönlich mit ihrem Gefolge in der Gefängniszelle, um Jan Augusta ihre Hilfe anzubieten, wie der Brüderbischof Johann Blahoslav in seiner Chronik überliefert. Auf ihre Bitte hin genehmigte der Erzherzog, dass die beiden Gefangenen zumindest das Osterfest in Freiheit verbringen durften, sich danach aber wieder in Haft begeben mussten. Philippines Vermittlungsbemühungen hatten damit kurzfristigen Erfolg. Schließlich kamen Bilek und etwas verspätet im Jahr 1564 auch Jan Augusta endgültig frei.

Das Eingreifen Philippines, das spätere Historiografen stark überhöhten und damit einen neuen Mythos schufen, zeigt, dass sie in Glaubensfragen fest, aber nicht intolerant war. Es war allerdings das einzige Mal, dass sie sich in einer politischen Frage bei ihrem Gatten verwendete. Weitere Eingriffe in die hohe Politik sind von ihr sonst nicht überliefert. Als Bürgerliche tat sie wohl gut daran, ihren Einfluss auf ihren Gatten nicht allzu sehr auszureizen.

9 Von Böhmen nach Tirol

FERDINAND ALS LANDESHERR

Nach 20 langen Jahren der Statthalterschaft in Prag reiste Erzherzog Ferdinand im Januar 1567 über Pilsen, Furth im Wald, Straubing, Landshut, Rosenheim und Kufstein endgültig zu seinem neuen Wohnsitz nach Innsbruck. Ein Lebensabschnitt ging zu Ende, den Philippine ein ganzes Jahrzehnt lang mit begleitet hatte. Ferdinand plante seinen Einzug in Innsbruck in großem Format, wobei ihm sein altvertrauter Beichtvater Johann von Cavalerii zur Seite stand. Geschützdonner empfing ihn schon vor der Stadt. An der Alten Innbrücke erwarteten ihn dann seine neuen Landeskinder, angefangen bei den Vertretern der Hofämter über den Tiroler Adel bis hin zum Klerus. Der Weihbischof von Brixen und Trient, Alliprandini, hielt eine Ansprache, Trommler und Trompeter geleiteten anschließend den neuen Landesherrn am Goldenen Dachl vorbei zum Jakobsdom, es folgte eine feierliche Messe. Im Anschluss bezog Ferdinand seine Räumlichkeiten in der Innsbrucker Hofburg, die ihm schon seit seinen Kindertagen vertraut waren.

Philippine war bei dem festlichen Einzug nicht dabei. Ganz diskret folgte sie mit ihren beiden Söhnen, der Mutter Anna, der Tante Katharina von Loxan sowie der inzwischen bereits verwitweten Cousine Katharina von Sternberg mit deren fünf Kindern im Mai desselben Jahres nach. Die Familie bezog ihr Domizil auf Schloss Ambras. Bis zu seinem Lebensende blieb das Paar nun in Innsbruck, das ihm zur eigentlichen Heimat und zum Lebensmittelpunkt wurde. Beide fanden schließlich ihr Grab in der Innsbrucker Hofkirche.

Ferdinand tat alles, um seiner neuen Residenz einen würdigen Platz unter den kultiviertesten Höfen der Zeit zu verschaffen. Er baute sowohl die Hofburg als auch Ambras im Stil der Renaissance aus, holte bildende Künstler und bedeutende Musiker nach Innsbruck, sammelte Kunstschätze sonder Zahl, hieß zahlreiche auswärtige Gäste bei sich willkommen und gab eine Vielzahl rauschender Feste. Der Hofstaat umfasste etwa 220 fest besoldete Personen. Dazu kamen noch Philippines eigener aus 20 bis 30 Personen bestehender Hofstaat sowie derjenige der beiden Söhne. Hofdienste unterschiedlicher Dauer versahen dabei auch böhmische und mährische Adlige, die mit Ferdinand nach Innsbruck gekommen waren.

So wurde die Alpenresidenz zu einem Dreh- und Angelpunkt in den Beziehungen zwischen österreichischem, deutschem und böhmischem Adel. Gerade die verwandtschaftlichen Bande zwischen den mit dem Erzherzog versippten Geschlechtern der Lobkowitz, Kolowrat und Sternberg konnten durch weitere Eheverbindungen mit adligen Damen aus Philippines Hofstaat noch intensiviert werden. Ferdinand selbst bemühte sich um das Zustandekommen solcher Partnerschaften, die nicht zuletzt auch politische Netzwerke und Allianzen begründeten. Eine andere Möglichkeit, den böhmischen Adel an sich zu binden, war die Ausbildung junger Herren im Rahmen ihrer Kavalierstour. Auf Vermittlung hochrangiger Fürsprecher, die mit dem Erzherzog in Kontakt standen, kamen immer mehr Adelssprosse aus Böhmen nach Innsbruck, um dort ins gesellschaftliche Leben eingeführt zu werden und eine erste Lehrzeit zu bestehen. Auf Vermittlung Ferdinands reisten viele Bewerber an einen der bedeutenden Höfe in Norditalien weiter, vorzugsweise nach Mantua, Ferrara und Florenz, wo die Schwestern des Erzherzogs lebten. Hier konnten die jungen Männer weitere wichtige gesellschaftliche Kontakte knüpfen und die in Kunst und Kultur tonangebenden Höfe ihrer Zeit kennenlernen. So bildete der Erzherzog den Mittelpunkt eines dichten grenzüberschreitenden Beziehungsgeflechtes. Er selbst galt als ausgewiesener Kenner der böhmischen Lande und ließ sich regelmäßig über die dortige politische und religiöse Lage informieren.

Die ›doppelte Haushaltsführung‹ in der Hofburg und in Ambras sowie die üppige Gästebewirtung und die Ausrichtung aufwendiger Festivitäten kam die Tiroler Finanzkammer allerdings teuer zu stehen. Die breite Bevölkerungsmasse profitierte vom rauschenden, aber exklusiven Hofleben nicht; der Reichtum Tirols floss an der Bevölkerung vorbei. Innenpolitisch bemühte sich Ferdinand vorrangig um eine Stärkung des katholischen Glaubens und um den Aufbau eines von geistlichen Orden getragenen Schulwesens, doch das wog den wachsenden Schuldenberg nicht auf. Dem Drängen der Stände nach Einsparungen gab der Erzherzog lange nicht nach, sodass sich am Ende die Kassen gefährlich leerten: »Wir wissen uns kein Mittel, um vor Ablauf dieses Jahres eine Vermehrung des Einkommens zu erlangen; es gibt kein Mittel, als eine eingezogene (d. h. bescheidene) Hauswirtschaft, mit der wolle es Eure Fürstliche Durchlaucht wenigstens ein Jahr lang in Gottes Namen versuchen. Dann würden die Landstände nicht allein eine große Hoffnung haben, sondern auch, wenn Eure Fürstliche Durchlaucht ihre Hilfe wieder braucht, willfähriger sein«, beschied ihm die Finanzkammer. Ferdinands Geldbedarf für die Hofhaltung stieg jedoch von 120 000 Gulden im Jahr 1575 auf 253 498 Gulden im Jahr 1580 und erreichten 1582 einen Höchststand von über 321 000 Gulden. Die darauf eingeleiteten Sparmaßnahmen halbierten die Summe zwar, doch schon 1586 stellte Ferdinand wieder Forderungen in Höhe von 258 691 Gulden. Die Tiroler Steuerzahler mussten noch jahrzehntelang später die dafür aufgenommenen Schulden abtragen.

DIE ERHEBUNG DER FAMILIE FRANZ WELSERS IN DEN FREIHERRNSTAND

Als Philippine am 4. Mai 1567 offiziell die Herrschaft über Ambras antrat, konnte sie dies schon in Erwartung einer ordentlichen Standeserhöhung tun, die sie deutlich über ihre neuen Untertanen stellen würde, denn am folgenden Tag wurde ihr Vater Franz Welser mitsamt seiner Familie in den Freiherrnstand erhoben. Von nun an durfte sich Philippine als Freiin von Zinnenburg bezeichnen. Neben der Herrschaft Ambras kamen im Laufe der Zeit noch weitere Liegenschaften samt Einkünften an sie. So erhielt sie das Gericht Stubai in Form einer Pfandverschreibung, kaufte das Schildlehen Hohenburg bei Igls, erwarb die südtiroler Herrschaft Königsberg sowie die Herrschaften von Salurn und Hörtenberg. Die Kaufsummen waren dabei so niedrig, dass man im Grunde von Schenkungen von Seiten Ferdinands sprechen kann. Zusammen mit einer jährlichen Leibrente von 3000 Talern konnte Philippine nun als vermögende Frau gelten.

So wurde Philippine über Umwege gesellschaftsfähig gemacht: In Ambras verfügte sie über einen eigenen Hofstaat, dem ihre Cousine Katharina von Sternberg vorstand, sie trat als Schlossherrin und Grundbesitzerin auf und nahm als Freiin von Zinnenburg ganz selbstverständlich an den Festivitäten teil, die sich um sie herum abspielten. Von der gesellschaftlichen Aufwertung der frisch gebackenen Baronin zeugt ein 33,5 Zentimeter hoher Deckelhumpen, der heute in der Kunstkammer des Kunsthistorischen Museums Wien aufbewahrt wird. Das vermutlich in der Glashütte Hall um 1567 angefertigte Stück zeigt auf seinem Glaskörper in feiner Emailmalerei das Wappen der eben erst geadelten Freifrau von Zinnenburg und stellt diesem das Wappen ihres heimlichen Gemahls Ferdinand gegenüber. Durchsichtiges Glas nach venezianischem Vorbild herzustellen, galt damals als große Kunst. Der wertvolle Humpen, Standessymbol und Luxusobjekt in einem, steht somit für die gesellschaftliche Aufwertung Philippines, die ihre bürgerliche Herkunft zunehmend hinter sich ließ.

DAS VERHÄLTNIS DER EHELEUTE ZUEINANDER

Die Geheimhaltung der Ehe wurde jedoch nach wie vor beachtet, auch wenn Ferdinand die meiste Zeit in Ambras verbrachte. So glaubte noch 1570 einer der einflussreichsten Männer Tirols, Jakob von Payrsberg, Philippine sei nur »Durchlauchts beywohnerin«, was ihn jedoch nicht daran hinderte, mit ihr auf Ambras freundschaftlich zu verkehren. Auch die ansonsten stets gut informierten venezianischen Gesandten durchblickten das wahre Verhältnis der beiden nicht. Sie beschrieben die Welserin wahlweise als »Beiwohnerin«, Konkubine oder Geliebte des Erzherzogs. Sie registrierten aber in jedem Fall, dass das Paar unzertrennlich war. Keine Stunde könne Ferdinand sich von Philippine trennen, berichtete der venezianische Gesandte Micheli erstaunt in seine Heimat. Zum Nachteil wurde dem Paar dieses vertrauensvolle Verhältnis, als sich Ferdinand um den polnischen Königsthron bewarb. Nach dem kinderlosen Tod der polnischen Königin Katharina, seiner Schwester, und ihres Ehemannes Sigismund II. August im Jahr 1572, boten die polnischen Adligen dem Erzherzog die Krone an. Sie legten allerdings Wert auf eine standesgemäße Gattin des neuen Königs, um legitime Nachkommen für die Zukunft zu haben. Die polnische Seite drängte daher auf eine Auflösung der undurchsichtigen Verbindung Ferdinands zu Philippine, die sie weder als Konkubine, noch als rechtmäßige Ehefrau zu akzeptieren bereit waren. Doch daran verschwendete der Erzherzog keinen Gedanken. Seine Gesandten gaben den Polen zu verstehen, dass er nicht ohne seine Gefährtin leben könne, gerade »wenn er mit Schwachheit des Leibes beladen sein sollte«, denn dann warte »Ihre Gnaden (Philippine) seiner fürstlichen Durchlaucht auf, wie er selbst es gewohnt sei«. Überdies sei sie »still, fromm und gottesfürchtig und habe sich in Böhmen und in des Erzherzogs Erblanden stets so rühmlich und wohl gehalten, dass auch im Königreich Polen niemand sich über selbe zu beschweren haben werde«. Doch es nützte nichts, die Polen bestanden auf einer Trennung – und Ferdinand sagte ab. Ohne die Frau an seiner Seite war für ihn selbst eine Königskrone nichts wert. Sein Bruder Maximilian wurde daraufhin 1575 zum polnischen König ausgerufen.

So musste Philippine offiziell immer noch mit dem Status der Konkubine kämpfen. Doch auch wenn ihr der polnische Adel die kalte Schulter zeigte – in Tirol erwarb sie sich rasch Sympathien. Unter ihren Hofdamen und Kammerfrauen fanden sich viele adlige Damen ein, die nun der geborenen Bürgerlichen aufwarteten. Da tauchten die Namen der Geschlechter Nomi, Taxis, Schrottenbach und Altmannshausen auf, da fand sich eine Dorothea von Trautmannsdorf neben einer Elisabeth von Spaur oder einer Juliana von Heidorf ein. Als oberste Kammerfrau fungierte eine Bürgerliche, Maria Prantlin.

DIE »WONNE DES FÜRSTEN« – AMBRAS

Das Renaissance-Juwel Ambras lud mit seinen großzügigen Räumlichkeiten, dem eigens für repräsentative Auftritte geschaffenen Spanischen Saal, den Gartenanlagen mit Grotten,

Schloss Ambras, die „Wonne des Fürsten"

Rosenbeeten, Teichen und Springbrunnen zu einem rauschenden Hofleben geradezu ein. Und gefeiert wurde in Ambras, das man gerne auch »die Wonne des Fürsten« nannte, in der Tat viel. Der Kammerdiener des Erzherzogs, Johann von Guarient, schrieb schon 1564, als noch nicht einmal alle Bauteile fertiggestellt waren, in einem Brief, dass man hier »sehr lustig wohnen« könne. Und wirklich: Ritterturniere, Maskenbälle, Hofkonzerte, Festbankette und Tanzveranstaltungen wechselten einander ab. Zur Unterhaltung wurden Musiker, Gaukler und Zauberkünstler engagiert, für Heiterkeit sorgten außerdem »Hofriesen« und der immer gut gelaunte »Hofzwerg« Thomele.

Zu einer steten Quelle des Frohsinns wurde die im Garten künstlich in einen Felsen gehauene Bacchusgrotte, die Schauplatz eines festen Trinkrituals war. Durch ein mit einem Gitter versehenes Tor gelangte man über einige Stufen hinunter ins feuchte, kühle Innere der Höhle, in der sich die Bacchus-Jünger versammelten. Hier ließ der Erzherzog seine Gäste auf einem »Fangstuhl« Platz nehmen und mit Bändern fixieren. Danach bekamen sie einen Humpen Wein vorgesetzt, den sie auf einen Zug leeren mussten. Bei Männern war dies eine stattliche Menge von mehr als einem halben Liter, bei Frauen war es ungefähr ein Viertel Liter. Wer das Ritual bestand, durfte sich mit Namen und Wahlspruch in ein ledergebundenes Trinkbuch eintragen und war damit für alle Zeiten im Gedächtnis der trinkfesten Ehrenrunde verewigt. Wer versagte, musste den Trunk immer wieder erneut versuchen; wer schließlich aufgab, durfte sich nicht eintragen und wurde so dem Vergessen anheimgegeben. »Im 1567 Jahr den letzten Tag Januarii ist in dem Schloss zu Ambras von wegen Erzeugung guter Freundschaft, Gutwilligkeit und Gesellschaft eingerichtet worden, dass ein jeder, der nach Ambras kommt, ein Glas wie ein Fässchen gestaltet (...) in einem Trunk austrinken soll und seinen Namen zum Gedächtnis in dieses Buch schreiben (soll)«, so die erzherzogliche Anweisung auf der ersten Seite des Buches. »Desgleichen (...) sollen auch jede Frau und Jungfrau ein Kristallglas wie ein Schiffchen in einem Trunk auszutrinken verbunden und verpflichtet sein.« Selbstverständlich sind die Gastgeber die ersten Personen, die sich 1567 eigenhändig in das Büchlein eintrugen: Ferdinand II. unter der Devise »Unitas«, Philippine unter dem Motto »Ich hoff zu Gott«. Der Schriftzug ist eine ihrer selten überlieferten eigenhändigen Unterschriften – und immer noch unter dem Kürzel ph w, also Philippine Welser, gegeben, um die Ehe geheim zu halten. Danach folgten die Eintragungen von österreichischen, italienischen, spanischen, französischen, ungarischen, böhmischen und polnischen Adligen. Wie viele torkelnde Trunkenbolde die feucht-schummrige Bacchushöhle erfolglos verlassen haben, ist dagegen nicht überliefert. Der Platz im 53 Papierblätter umfassenden Trinkbüchlein wurde jedenfalls bald knapp. 1578 ließ Ferdinand die Eintragungen in zwei andere Bücher auf Pergament übertragen – und zwar getrennt nach Geschlechtern. Die Tradition der Trinkbücher wurde bis 1620 fortgeführt.

Für sorglose Stunden in froher Runde sorgte auch der nahe der Bacchusgrotte gelegene runde Gartenpavillon, die Rotunde, in deren Mitte ein drehbarer Tisch stand. Zum größten

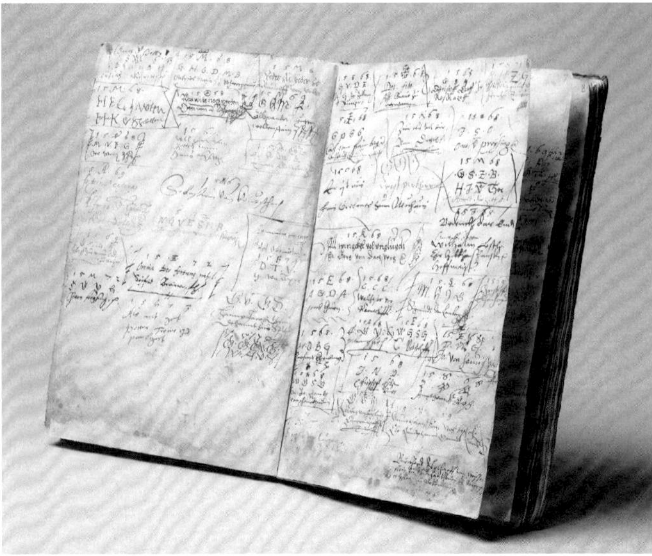

Trinkbuch mit der Unterschrift Philippine Welsers. – Ambras, 1567

Amüsement der Tafelrunde konnte sich der Tisch samt Speisen und Gesellschaft mit Hilfe der Wasserkraft in Bewegung setzen, und zwar in unterschiedlichen Geschwindigkeitsstufen. So schwindelte den Gästen bei höherer Drehzahl bald der Kopf, was angesichts ihrer voller Mägen wohl ein riskantes Unterfangen war.

Überhaupt genoss die Ambraser Küche einen hervorragenden Ruf. Hier wurde hemmungslos geschlemmt und genossen. Dabei begnügte man sich nicht mit lokalen Spezialitäten wie dem in Bozen gestochenen Spargel, sondern ließ Delikatessen von weit her bringen. Aus Holland trafen zentnerschwere Käselaibe ein, Venedig lieferte Muscheln und Austern, auch Zitrusfrüchte und Kastanien importierte man aus Italien, Morcheln und Rebhühner bezog man aus Böhmen. Unter den Händen von acht Köchen, zwei Oberköchen, einem Pastetenkoch und Heerscharen von Hilfskräften entstanden die raffiniertesten Gerichte, die man zu Bergen auftürmte und kunstvoll verzierte. Bis zu 30 Gerichte pro Gang waren keine Seltenheit. Aber auch an gewöhnlichen Tagen, wenn keine Gäste angereist waren, mussten 95 Personen täglich verköstigt werden. Der Aufwand dafür war enorm. Aus dem Jahr 1572 ist überliefert, dass der Hof täglich 900 Pfund Fleisch verbrauchte, das Wildbret noch nicht mitgerechnet. Neben Rind und Schwein kamen Rehe, Hirsche, Gämsen, Hasen und sogar Murmeltiere auf den Tisch. Dazu liebten die Gourmets an der fürstlichen Tafel Rebhühner, Tauben, Wachteln, Kapaune und Hühner. An Fasttagen, die Philippine als treue Katholikin beachtete, hielt man sich zwar im Fleischkonsum zurück, verzichtete aber keineswegs auf Leckerbissen. Dann wurden sorgfältig zubereitete Fische serviert. Wie aus einer Bestellliste hervorgeht, wurden in einem Jahr zur Fastenzeit auf einen Schlag 13 Tonnen Heringe, sechs Tonnen Lachs, 8000 Plattfische, 600 Stockfische und 600 Neunaugen geordert. Der Butter- und Schmalzverbrauch stieg während der ›entbehrungsreichen‹ Zeit auf das Doppelte an: 100 Pfund statt der normalerweise 50 Pfund Schmalz wurden dann benötigt.

Da beim Essen nicht nur der Gaumen, sondern auch das Auge erfreut werden sollte, achtete Philippine sehr auf den Tafelschmuck. Feine Damasttischtücher, Gold- und Silberschüsseln, prunkvolle Trinkgefäße, Leuchter und wertvolles Besteck zierten ihre Tafel. Eine Vorstellung davon, wie der fürstliche geschmückte Tisch auf Ambras ausgesehen haben könnte, geben Besteckteile, die man dem Besitz Philippines zurechnet, darunter eine zierliche Gabel und ein Messerchen aus vergoldetem Eisen mit rotem Korallengriff oder ein silbervergoldeter Löffel mit einem Griff aus geschliffenem Bergkristall und gedrechseltem Elfenbein. Höchste Eleganz für verfeinerte Tischsitten!

Wer nach solch üppigen Gelagen etwas sportliche Betätigung suchte, war auf Ambras ebenfalls am rechten Fleck. Wie schon in Böhmen frönte Ferdinand auch in Tirol seiner Jagdleidenschaft. Die vor den Toren Ambras' liegende Bergwelt bot dazu genügend Raum. Um den Jagderfolg zu garantieren, hielt er in einem großen, an das Gartenparterre anschließenden Tierpark Hirsche, Rehe und Fasanen. Ein flotter Ritt durch die Alpen war allerdings nicht jedermanns Sache.

Glashumpen aus der Glashütte Hall, um 1567

Manch Adligem aus Böhmen erschienen die »widerlichen Berge« eher zum Fürchten. Wer daher lieber auf die ›Trendsportarten‹ Tennis-, Feder- oder Schlagball setzte, war im (heute nicht mehr erhaltenen) Ballspielhaus bestens bedient. Hier ließ es sich in einer großen Halle nach Herzenslust toben. Für leichtere Bewegung sorgten außerdem Armbrust-Wettschießen, an denen auch die Damen teilnahmen. Philippine selbst muss eine gute Schützin gewesen sein, denn 1570 holte sie den Hauptpreis, einen wertvollen Becher; ihre Tante Katharina folgte ihr auf den zweiten Platz und gewann einen Ring.

DIE GÄSTESCHAR

Ferdinand und Philippine begrüßten auf Ambras zahlreiche Gäste mit ihrem Gefolge. Zuweilen kamen so viele, dass nicht mehr alle in der Hofburg und auf Ambras Platz fanden, sondern in Gasthäusern und privaten Wohnungen in Innsbruck untergebracht werden mussten. Dabei traf sich im Herzen Tirols die Crème de la Crème des mitteleuropäischen Adels: Die Herzöge Wilhelm und Ferdinand von Bayern, Herzog Erich von Braunschweig, die Herzogin von Luxemburg, der Erbprinz von Mantua und Ferdinands Neffe, Erzherzog Maximilian, gehörten selbstverständlich dazu. Ganz ungezwungen scheint auch Philippine mit den Gästen umgegangen zu sein. Zu Herzog Alfons von Ferrara stand sie in freundschaftlicher Verbindung. Sie schickte ihm sogar ein »Fässchen eingemachter Preiselbeeren« nach Ferrara, worauf sich der Beschenkte mit ein paar prächtigen Jagdhunden revanchierte. Herzog Ferdinand von Bayern, der

1579 von Venedig kommend überraschend auf Ambras Station machte, empfing sie noch spät abends in ihren Gemächern, bereitete ihm und seinen Begleitern Speisen zu, tanzte mit ihnen und leistete ihnen Gesellschaft bis zum Schlafengehen.

So wuchs Philippine allmählich in die Rolle der anerkannten Gastgeberin hinein. Um ihre Stellung musste sie nicht mehr fürchten, sie konnte darauf setzen, dass sie als unumstrittene Frau an des Erzherzogs Seite Anerkennung fand.

FAMILIÄRE ENTSPANNUNG

Es kam einem kleinen Triumph gleich, als Philippine 1568 von den Schwestern Ferdinands, Magdalena und Helena, die ein Jahr später in das neu gegründete Damenstift von Hall einzogen, zum Mittagessen in die Innsbrucker Hofburg eingeladen wurde. Erstmals stand sie Vertretern ihrer fürstlichen Verwandtschaft gegenüber. Offenbar klappte die Begegnung auf Anhieb gut und selbst der venezianische Gesandte wunderte sich, dass eine Bürgerliche bei Hofe so viel Aufmerksamkeit fand. Völlig zu Recht witterte er, dass Philippine wohl doch mehr sein müsse, als nur des Erzherzogs Konkubine. Der Kontakt war keine einmalige Angelegenheit. Viele Jahre später noch korrespondierte Philippine mit ihrer Schwägerin Magdalena in vertraulichem Ton. Selbst Anna Welser, die nach ihrer Ankunft in Innsbruck mit finanzieller Unterstützung ihres Schwiegersohnes die direkt Schloss Ambras gegenüberliegende Weiherburg erworben hatte, verkehrte häufiger mit den Erzherzoginnen in Hall. Der Hof des kaiserlichen Familienoberhauptes blieb Philippine aber nach wie vor verschlossen. Wien war nicht Innsbruck – und der Tiroler und böhmische Landadel nicht zu vergleichen mit dem Hochadel und dessen ausgeprägtem Standesdünkel.

Trotzdem lebte Philippine auf Ambras, wo sie im zweiten Stock des Hochschlosses, dem sogenannten Frauenzimmerboden, ein eigenes Appartement im Nordtrakt besaß, in entspannter Atmosphäre. So speiste Ferdinand gerne allein mit seiner Gattin und Katharina von Loxan und zeigte sich dabei so entspannt, dass selbst Bittsteller eine gute Gelegenheit witterten, »da Fürstliche Durchlaucht mit derselben Gemahl gewöhnlich gegessen haben in dem mittleren Fenster«, bei ihm vorzusprechen. Auch die Mutter Anna weilte häufig auf Ambras zu Besuch, nahm gerne an den Festivitäten teil, begrüßte aber andererseits genauso gerne ihre Tochter mit ihrem Mann zum Essen auf der am linken Innufer gelegenen Weiherburg, die sie nach ihrem Tod ihren Enkelsöhnen vermachte. Wie schon in Pürglitz herrschte somit auch auf Ambras eine familiäre Geborgenheit vor, die sich vom turbulenten Hofleben unterschied. Das Paar verbrachte hier im Kreise seiner Kinder und anderer vertrauter Gesichter seine schönsten Stunden.

Den Söhnen Andreas und Karl konnten sie alles bieten, was das Herz begehrte. Sie bekamen eine solide Erziehung, die Sprachunterricht in Latein, Deutsch, Italienisch, Französisch und Flämisch umfasste, Religion, Mathematik und Philosophie vermittelte, aber auch viel Sport beinhaltete. Vor allem letzteres Fach übten die beiden jungen Heißsporne mit Vorliebe aus. Besonders gerne jagten sie hoch zu Ross durch die Wälder, fochten mit anderen oder nahmen Tanzunterricht. Zwei Mal pro Woche legten sie Turnierrüstungen an, um sich in ritterlichen Künsten zu üben. Die Aufsicht über die Erziehung übernahm der vertraute und mit den Welsern befreundete Ernst von Rauchenberg, der mit seinen überbordenden Ausgaben für den kindlichen Hofstaat die Finanzkammer immer wieder zur Weißglut trieb. Die Söhne scheinen eine recht sorglose und bequeme Kindheit verbracht zu haben. Am liebsten waren sie draußen, besuchten ihre beiden Tanten in Hall und nahmen an den gesellschaftliche Vergnügungen des Hofes teil. Bei den Wissenschaften haperte es dagegen. Noch 1574 entschuldigte sich Rauchenberg bei Ferdinand, dass die jungen Herren so häufig fehlerhafte Briefe zu Papier brachten.

Dafür gewöhnten sich die beiden Burschen frühzeitig an eine verschwenderische Haushaltung. Geld stand eigentlich immer zur Verfügung, auch wenn der Vater häufig um Sparsamkeit bat. Der Erzherzog zeigte sich jedoch äußerst nachgiebig, wenn es sich um das Wohl seiner Söhne handelte. Da sie

Philippines Badezimmer auf Schloss Ambras

im Hause Habsburg nicht erbberechtigt waren, setzte er alles daran, ihr materielles Auskommen sicherzustellen. Eine reichliche Ausstattung der Söhne war ihm eine Herzensangelegenheit, was diese jedoch auszunutzen wussten.

EINES FÜRSTEN WÜRDIG – SCHLOSS AMBRAS

Unter der Hand des kunstsinnigen Erzherzogs Ferdinand verwandelte sich die mittelalterliche, im 11. Jahrhundert erstmals urkundlich erwähnte Burg Ambras, die hoch erhoben über Innsbruck thront, seit 1564 in ein Renaissance-Schloss allererster Güte. Der bauerfahrene Erzherzog bot seine ganze Erfahrung auf, um mit Hilfe der leitenden Architekten Alberto und Giovanni Lucchese aus dem alten Gemäuer einen behaglichen Wohnbau zu machen. Zunächst wurden Teile der mittelalterlichen Burg abgerissen, neu aufgebaut und miteinander verbunden. Dabei achtete der Bauherr streng auf den Wohnkomfort. Er bevorzugte kleinere, leicht beheizbare Räume und

Bäder. 19 Kaminschächte wurden neu eingezogen. Die Wohnräume erhielten Holztäfelungen und -decken, Kachelöfen und Wandmalereien. Zu den Highlights zählte Philippines großes Badezimmer im Erdgeschoss: Über einen Auskleideraum, der auch als Ruheraum diente und mit farbigen Fresken, die Bade- und Hofszenen zeigten, geschmückt war, gelangte man in ein ganz mit Holz ausgetäfeltes, behagliches Badezimmer, das eine riesige Wanne aus verzinntem Kupferblech von 194 mal 274 Zentimetern Größe und einer Tiefe von rund 1,60 Metern enthielt. Zur Befüllung derselben waren 5000 Liter Wasser nötig, selbst wenn man nicht stand, sondern auf dem Badehocker in der Mitte des Beckens saß und sich nur bis Brusthöhe umspülen ließ. Da Kämme, Toilettenartikel und ein wertvoller Badehut Philippines erhalten sind, kann man mutmaßen, dass sie wohltuende Bäder sehr zu schätzen wusste. In einem kleineren Nebenraum, in dem das Wasser erhitzt wurde, konnten die Bewohner auch ein Dampfbad nehmen, sodass die Raumfolge einem kleinen ›Wellness-Bereich‹ glich. Inventarlisten belegen das Vorhandensein verschiedener Kupferschaffe, Messingbecken, Laugenfässer und Saugnäpfe, die beweisen, dass die Badenden sich hier rasieren, die Haare waschen und schröpfen ließen.

Das Hochschloss war bis 1566 fertig gestellt. Nur an der Sgraffiti-Ausschmückung des Innenhofes mit seinen mythologischen und allegorischen Figuren arbeiteten die Maler noch bis in die 70er-Jahre. Da ein repräsentativer Festsaal im Hochschloss fehlte, ließ Ferdinand 1569–72 direkt an der Südseite den Spanischen Saal anbauen. Mit dem 43 Meter langen und zehn Meter breiten Saal, der zu den schönsten freistehenden Festsälen im Stile der Renaissance im deutschsprachigen Raum zählt, setzte sich Ferdinand selbst ein Denkmal. Nicht nur die prunkvolle, intarsierte und teilweise vergoldete Holzkassettendecke und der kostbare Marmorfußboden sollten den Besucher beeindrucken, sondern ebenso die 27 Ganzkörperporträts Tiroler Herrscher vom Mittelalter bis zur Neuzeit an den Wänden. Als krönender Abschluss der illustren Ahnengalerie ließ sich Ferdinand selbst in der Gestalt des Herkules darstellen.

Badhut aus dem 16. Jh.

Gewandet in einen Prunkharnisch, mit einem wertvollen Löwenhelm auf dem Kopf und die Herkuleskeule lässig in der Hand, präsentierte sich der Schlossherr seinen Gästen als Ausbund an Tapferkeit, Kraft und Mut. Dies war die beste Kulisse, um Bälle, Festessen, Tanzveranstaltungen abzuhalten.

Doch damit nicht genug: Im südwestlichen Bereich des Schlossgeländes errichtete Ferdinand weitere Bauensembles, die man als Unterschloss bezeichnet. Diese erfüllten nicht nur wirtschaftliche Funktionen – so die als Kornspeicher genutzte Kornschütt –, sondern wiederum auch repräsentative Aufgaben. Im ersten Obergeschoss der Kornschütt war Ferdinands wertvolle Bibliothek untergebracht, die 1596 einen Bestand von 3430 bibliophilen Kostbarkeiten aufwies, darunter das Ambraser Heldenbuch mit der einzigen Abschrift des Gudrunliedes und Kaiser Maximilians I. reich bebilderte Turnierbücher »Theuerdank« und »Freydal«. Auf die Kornschütt folgten drei miteinander verbundene Museumsflügel, in denen Ferdinand seine berühmten Sammlungen zeigte. Sein Hauptaugenmerk lag dabei auf Rüstungen, Waffen und Porträts bedeutender Persönlichkeiten. Ausgehend von seinen eigenen wertvollen Prunkrüstungen kaufte er planmäßig das Rüstzeug berühmter Feldherren auf. Bereits in Prag hatte er mit diesem kostspieligen Hobby begonnen und 347 Zentner Plattnerkunst mit nach Innsbruck bringen lassen. Selbstverständlich zeigte er auch kuriose Dinge – Rüstungen von Riesen und Kindern. In seiner Kunst- und Wunderkammer gab es des Weiteren Krokodile und Korallenarbeiten, Automaten und Uhren, Goldschmiedearbeiten und geschliffene Kristalle zu bestaunen. Der planmäßige Aufbau und die sorgfältig auf Licht und Farbe abgestimmte Präsentation machen Ferdinand quasi zum ersten ›Museumspädagogen‹ seiner Zeit.

10 »Königin der Herzen«

DAS KARITATIVE ENGAGEMENT PHILIPPINES

In Tirol stieg Philippine zur beliebten ›Landesmutter‹ auf, obwohl sie das offiziell immer noch nicht war. Doch die Herrin von Ambras stand auch hier im Ruf, immer ein offenes Ohr für ihre Mitmenschen zu haben, und dies kam beim einfachen Volk wie auch beim Landadel gut an. Vor allem für Kranke setzte sich Philippine besonders ein. Ihrer alten Leidenschaft, dem Zubereiten von Heilsäften, konnte sie auf Ambras ungehindert nachgehen, stand ihr hier doch ein eigener kleiner Kräutergarten zur Verfügung, in dem sie alle Heilpflanzen zog, die sie für ihre Rezepturen benötigte. Gemeinsam mit ihrem Apotheker Gorin Guaranta bereitete sie in ihrer hauseigenen Apotheke Salben, Säfte und Tinkturen gegen allerlei Beschwerden zu. Diese ließ sie nicht nur ihrem Gatten und dem Gesinde zukommen, sondern auch Fremden. Ihr Leibarzt, Dr. Georg Handsch von Limusa, zählte in seinem Tagebuch eine Reihe von Personen auf, die Philippines Fürsorge genossen hatten, darunter ein türkischer Gefangener, der offensichtlich infolge der ungarischen Feldzüge nach Innsbruck gekommen war, ein »Moskowiter«, der allem Anschein nach als fahrender Händler durch die Lande zog, ein türkisches Mädchen, dazu Bauern, Handwerker und Tagelöhner aus Innsbruck und den umliegenden Dörfern. So behandelte Philippine einen an Wassersucht leidenden Tagelöhner mit Wermutöl, empfahl einem Ohrenleidenden, Stöpsel aus Schafswolle zu verwenden, oder verabreichte einem Fieberkranken einen Trank aus Benediktenwurz. Selbst Epileptiker sollen auf ihre Erfahrungen zurückgegriffen haben. Nach heutigem Sprachgebrauch könnte man Philippine wohl am ehesten als ›Heilpraktikerin‹ bezeichnen, wenn auch als autodidaktische. So machte die Schlossherrin von Ambras nicht nur mit rauschenden Festen von sich reden, sondern entfaltete ein wohltuendes Wirken in ihrem Umfeld, das sozial Niederstehende nicht ausschloss. Dies begründete ihre Popularität. Philippine verdiente sich im Laufe der Jahre den schönen Beinamen »Liebhaberin aller betrübten Herzen«.

Philippines Einsatz für Bittsteller

Allmählich hatte es sich herumgesprochen, dass die Schlossherrin von Ambras ein offenes Ohr für jedermanns Sorgen besaß. Zahlreiche Bittschriften aus dem ganzen Land trafen in Innsbruck ein, um ein Anliegen an Philippine heranzutragen. Die Gründe dafür waren vielfältig: Frauen inhaftierter oder landesverwiesener Männer hofften, für diese eine Begnadigung zu erwirken, Schuldner erbaten sich einen Erlass, Arbeitssuchende warben um eine Anstellung. Des Weiteren flehte die Witwe des Tiroler Kanzleischreibers Peter Schmölz Philippine an, ein durch den Tod unvollendet gebliebenes Gebetbuch in Zahlung zu nehmen, um die Familie vor dem finanziellen Absturz zu bewahren. Ein Hofsängerknabe, der bei der Verteilung von Stipendien leer ausgegangen war, bat inständig um eine neue Prüfung seines Falls und erreichte damit tatsächlich die Gewährung eines Stipendiums. Auch Adlige scheuten sich nicht, an Philippine heranzutreten. Die Gesuche kamen dabei aus Rosenheim, Innsbruck, Hörtenberg, Mauls, Meran, Burgau oder Günzburg, um nur einige Ortsnamen aufzuführen. Philippine sollte sich für die Anliegen beim Erzherzog verwenden, da nur er die Macht hatte, die Gesuche positiv zu bescheiden. Man wusste, dass die ›Frau mit Herz‹ großen Einfluss auf den Landesherrn besaß – auch wenn man nicht ganz einordnen konnte, weshalb.

In den Anreden der Briefe zeigte sich aufgrund der Tatsache, dass die Ehe des Paares offiziell noch immer geheim gehalten wurde, eine gewisse Unsicherheit. »Wohlgeborene gnädige Frau«, »wohlgeborene gnädige Herrschaft«, »wohlgeborene gnädige Freiin«, »Frau Philippine Freiin von Zinnenburg«, »Inhaberin der drei Herrschaften«, »hochgeborene gnädige Frau und Herrschaft der Propstei Ambras«, lauteten die Anreden in der Regel. Aber auch »durchlauchtigste hochgeborene Fürstin Frau Philippine von Österreich« oder »fürstliche Gnaden« fanden sich darunter. Manche nannten auch einfach schlicht »Ferdinand und Philippine« als Adressaten.

War man sich auch über den wahren Stand der hohen Dame nicht ganz klar, ihr Bemühen um Gerechtigkeit fand überall Anerkennung. Sie sei von »hochangeborener Mildigkeit, Liebe und Tugend, damit sie Gott der Allermächtigste rühmlich begabt und gezieret« habe, hieß es in einem Bittschreiben. Nach den langen Jahren des abgeschiedenen Lebens auf böhmischen Burgen dürfte Philippine diese Anerkennung gut getan haben. Sie hatte sich in der Welt des Adels bewährt und eine Rolle besetzt, die sie bei Arm und Reich gleichermaßen beliebt machte.

Unprätentiös und bescheiden – diese beiden Adjektive scheinen Philippine am besten zu beschreiben. Dass sie das Herz am rechten Fleck hatte, davon zeugt auch ihre Geste, bürgerlichen Mädchen vor ihrer Trauung ein Hochzeitskleid zu schenken, was ihr einen nicht unerheblichen finanziellen Aufwand bescherte. Die Buchführung eines Schneiders weist nicht umsonst ein beträchtliches Guthaben auf, das auf Hochzeitskleider zurückging, die er an Philippine geliefert hat. Für ihr karitatives Engagement stellte Ferdinand ihr immer wieder Gelder zur Verfügung. Davon beschenkte und entlohnte sie auch ihre Dienerschaft reichlich. Das Inventar ihres Mundschenks zählt eine Reihe wertvoller Geschenke in dessen Nachlass auf, die nur von Philippine stammen konnten. Die Verbundenheit des Hofpersonals mit ihrer Dienstherrin zeigt auch die Namenswahl für deren Kinder: So sind mehrere Mädchen auf den Namen Philippine getauft, was darauf schließen lässt, dass die Welserin für diese die Patenschaft übernommen hat.

DER TOD DER ELTERN

Auch wenn das Leben in Tirol sich für Philippine angenehm gestaltete – vor privaten Schicksalsschlägen blieb sie nicht verschont. Kurz hintereinander musste sie den Tod beider Elternteile verkraften. Zu ihrer Mutter Anna hatte zeitlebens eine enge und vertrauensvolle Verbindung bestanden. In Pürglitz und in Tirol war sie Philippine und Ferdinand bei Geburten, Krankheiten und allen Beschwernissen der Geheimhaltung der Ehe treu zur Seite gestanden. Dem kränkelnden Erzherzog und Schwiegersohn hatte sie wiederholt mit ihren Gesundheitstipps geholfen, was sich dieser gern gefallen ließ. Ein Ölbild um 1560 zeigt Anna Welser in vornehmer bürgerlicher Tracht mit schwarzem Gewand, pelzbesetztem Mantel und mit einer weißen Haube auf dem Kopf. In den Händen hält sie einen Korallenrosenkranz und Handschuhe. Auf das heilkundliche Interesse der Patrizierin verweist ein Maiglöckchenzweig in ihrer linken Hand, da diese Blume damals allgemein als Medizinpflanze Verwendung fand. Anna Welsers Eintrag im Ambraser Trinkbuch und ihre erfolgreiche Teilnahme bei Armbrustschießen zeigen, dass sie das gesellige Leben zu schätzen wusste. In der Weiherburg am linken Innufer schuf sie ihre eigene kleine Idylle. Der Vorbesitzer Veit Langemantel beschrieb die Immobilie als »ein lustiges Sitzl, zins- und zehntfrei mit schönen Freiheiten begabt«. Hier verbrachte Anna Welser ihre letzten Lebensjahre, die sie lange bei guter Gesundheit genießen konnte.

Doch an Ostern 1571 erkrankte sie an einem Magenleiden, das trotz zehnwöchiger Kur nicht besser werden wollte. Als sich an ihrem Bauch ein rötliches Geschwür bildete, entschlossen sich die Ärzte, dieses zu öffnen. Der Eiter wurde abgelassen, doch es trat keine Besserung ein. Monatelang lag sie siechend darnieder, konnte die Nahrung kaum mehr verdauen. Philippine und Ferdinand, die um diese Zeit selbst auf Kur in Karlsbad weilten, ließen sich regelmäßig über ihren Gesundheitszustand unterrichten. Ferdinand gab gar Anweisung, sie im Falle ihres Todes »mit allen wohlgeziemenden Ehren und gebührenden christlichen Zeremonien aufs stattlichste, als es sein kann«, zu beerdigen. Doch die Sterbenskranke wollte nicht vom Leben lassen, ohne ihre Tochter noch einmal gesehen zu haben. Erst zum Jahreswechsel nahte das Ende. Im Kreise ihrer Lieben, denen sie letzte Grußworte zuflüsterte, wie der Leibarzt Dr. Handsch überlieferte, starb sie am 28. Dezember 1571. Erzherzog Ferdinand richtete ihr in der Innsbrucker Pfarrkirche ein würdevolles Begräbnis auf seine Kosten aus.

Für Philippine bedeutete der Tod der Mutter einen herben Verlust, nachdem sie im selben Jahr schon ihren Bruder Hans Georg verloren hatte. Doch auch das neue Jahr brachte ihr kein Glück. Ihrem Vater ging es in Ravensburg immer schlechter. Obwohl Franz Welser nur ein Mal, anlässlich seiner Erhebung in den Freiherrnstand, nach Innsbruck gekommen war, war der Kontakt zu ihm doch nie gänzlich abgerissen. Man schrieb sich gegenseitig Briefe, doch Einladungen nach Tirol lehnte der Vater immer wieder mit dem Hinweis auf seine schwächelnde Gesundheit ab. Der besorgte Erzherzog erkundigte sich mehrmals schriftlich nach seinem Wohlbefinden, bot Unterstützung durch Ärzte und Diener an. 1572 verschlimmerten sich Welsers Leiden, gleichwohl ließ er ausrichten, er benötige »kein bessere Arznei, denn die gute Ruhe und Diät, so ich habe und brauche«. Angesichts seines Alters von gesegneten 75 Jahren trat jedoch keine Heilung mehr ein. Sein Sohn Karl stand ihm gemeinsam mit einem lutherischen Prediger in den letzten Stunden bei, bevor er am 30. Oktober in Ravensburg aus dem Leben schied. Er sei verloschen »wie ein Lichtlein«, meldete Karl nach Ambras.

Um seinen in Ravensburg unehelich gezeugten Sohn Philipp Pantaleon scheint sich Franz Welser nicht besonders gekümmert zu haben. Der Junge wurde in eine Pflegefamilie gegeben und erlernte später ein Handwerk. Franz Welser hinterließ ihm lediglich 60 Gulden, sodass Philippine und ihr Bruder Karl um ein Almosen für den später geisteskranken und straffälligen Halbbruder nachsuchen mussten, dessen Frau und Kind »dem Bettel nachzogen«. So geht Franz Welser aus den Quellen als rechter Eigenbrötler hervor, der es weder in Augsburg noch in Ravensburg verstanden hatte, ein normales Familienleben aufzubauen. Getrauert wird Philippine um ihn trotzdem haben, wurde es nach dem Tod der Eltern und zwei ihrer Geschwister doch zunehmend einsam um sie.

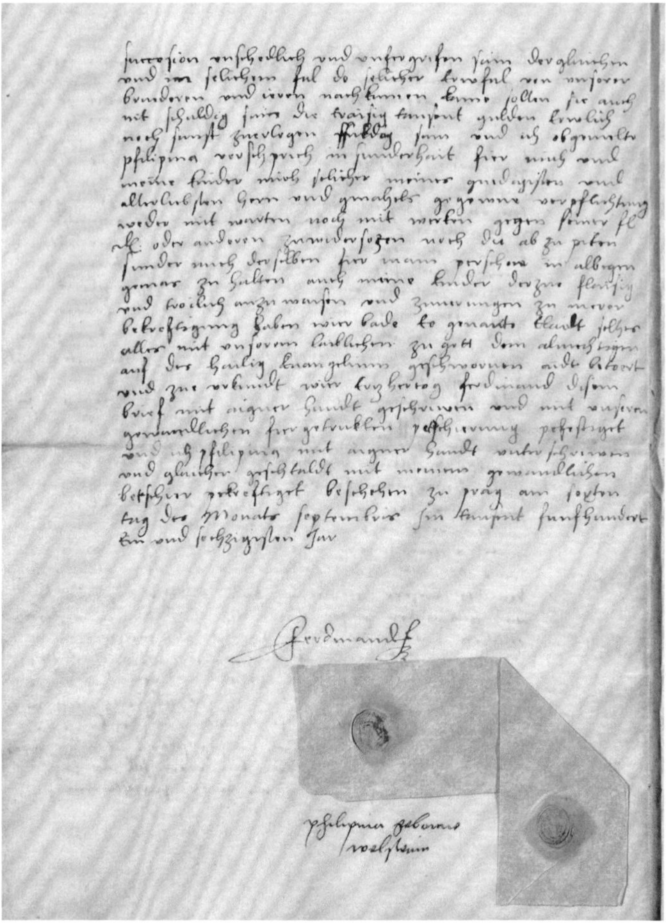

Verpflichtungserklärung zur Geheimhaltung der Ehe vom 6. September 1561 mit den eigenhändigen Unterschriften Ferdinands und Philippines

AM ZIEL: DIE AUFHEBUNG DER GEHEIMHALTUNGSPFLICHT

Philippines Stunde des größten Glücks erlebten ihre Eltern nicht mehr mit, denn das Jahr 1576 brachte eine entscheidende Wende im Leben des Paares: Papst Gregor XIII. hob die Geheimhaltungspflicht der Ehe auf und erkannte damit offiziell den Bund an, den Philippine und Erzherzog Ferdinand knapp 20 Jahre zuvor geschlossen hatten. Dabei war es ein äußerer Anlass, der das Paar veranlasste, Kontakt nach Rom aufzunehmen: Es ging um die Zukunft ihrer Kinder. Der älteste Sohn Andreas war für eine geistliche Laufbahn vorgesehen und sollte nach dem Wunsch des Vaters Kardinal werden. Dazu musste Andreas aber seine legitime Abkunft nachweisen – und das ging nur, wenn Philippine und Ferdinand vor Kirche und Gesellschaft als rechtmäßig verheiratet galten. Ferdinand schickte daher am 15. Juli 1576 eine von ihm ausgestellte und durch den Traupriester Johann von Cavalerii bestätigte Urkunde an den päpstlichen Hof, die genaue Auskunft über die Vorgänge in Bresnitz im Januar 1557 gab. Cavalerii reiste persönlich nach Rom, um das Schreiben zu überbringen. In dem auf Latein abgefassten Dokument bestätigten die Eheleute, freiwillig und vor einem Priester »gemäß den Sitten und Gewohnheiten der römischen Kirche« eine legale Ehe eingegangen zu sein. Cavalerii bürgte mit seiner Unterschrift für die Wahrheit der Aussagen. Der Papst nahm das Gesuch freundlich auf und entband wenige Wochen später in einem mehrseitigen Schreiben den Erzherzog von seinem Eid, den Ehebund auf ewig geheim zu halten. Der Papst verlangte aber neben Johann Cavalerii die Nennung eines weiteren Zeugen, um das Anliegen dem Konsistorium vortragen zu können.

So fasste Ferdinand den Entschluss, ein neues Dokument aufzusetzen, das den Wünschen des Papstes entsprach. Am 7. September 1576 versammelte sich eine illustre Runde in der Innsbrucker Hofburg. In Anwesenheit des erzherzoglichen Notars Christoph Ebner wurde vom Hofkanzler Wellinger im Beisein des Paares, das sich dabei an den Händen hielt, eine tags zuvor abgefasste Erklärung verlesen, die im Wesentlichen die Aussagen des vorangegangenen Schreibens nach Rom enthielt. Neben Cavalerii hatte nun aber auch die Tante Katharina von Loxan mit unterzeichnet. »Ich, Katharina von Loxan, Witwe, bekenn mit dieser meiner eigenen Handschrift und Siegel, das alles dies, so oben geschrieben ist, wahr sei, denn ich selber das alles gesehen hab«, stand auf Deutsch unter dem lateinischen Text. Um diese Erklärung nun auch notariell zu beglaubigen, bot Notar Ebner drei Zeugen auf – Johannes Cavalerii, Kanzler Wellinger und den Geheimrat und Kammerpräsidenten Blasius Kuen –, die mitunterzeichneten und den gemeinschaftlichen Schwur des erzherzoglichen Paares auf das Evangelium zur Kenntnis nahmen. In einem gesonderten Schreiben an den Papst betonte Ferdinand, dass er mehr an glaubhaften Beweisen nicht mehr liefern könne. »Ich übergebe demnach dem hochehrwürdigen Sporeni, Bischof von Sebasti, das Bekenntnis und die Urkunde über das stärkste und wahrste Beweismittel, das ich habe auffinden können, zugleich mit einem anderen authentischen Instrumente, eines öffentlichen Notars, das der vorhin genannte Bischof Sporeni in meinem Namen und Auftrag den Händen Ihrer Heiligkeit überreichen (…) wird. Darum bitte ich Ihre Heiligkeit mit aller kindlichen Ehrerbietung demütiglich, Sie wollen geruhen, dem genannten Bischofe Glauben und dasselbe Vertrauen wie meinen eigenen Worten und meiner Person zu schenken, indem Sie ohne weiteren Aufschub der ehrbaren Bitte und meinem Wunsche entsprechen.« Wie ernst es dem Erzherzog war, beweisen seine nachdrücklichen Hinweise, jede Form einer Neueinsegnung der Ehe, durch die die Rechtmäßigkeit der bestehenden Verbindung in Frage gestellt werden könnte, abzulehnen. Eher sei er bereit, auf das »ganze Geschäft« zu verzichten, als in diesem Punkt nachzugeben.

Doch Rom hatte keine Einwände. Die eingereichten Dokumente genügten dem Konsistorium, und Andreas wurde kurze Zeit danach zum Kardinal ernannt. Papst Gregor XIII. stand dem Paar ohnehin wohlwollend gegenüber, was er auch im Vorfeld mit kleinen Gesten deutlich machte. So hatte er bereits 1573 auf Wunsch Ferdinands die Absolutionsgewalt von Philippines Beichtvater erweitert und der »excellentissima signora«, wie er sie nannte, einen von ihm geweihten Rosenkranz geschenkt.

Endlich konnten Philippine und Ferdinand sich nun in der Öffentlichkeit als Ehepaar zeigen. Sie war nun »durchlauchtigste Fürstin und Frau Philippine, Gemahlin des durchlauchtigsten Fürsten und Herrn Ferdinand«. Erst seit diesem Zeitpunkt sind die ersten authentischen Porträts von Philippine überliefert. Sie zeigen sie in reiferem Alter von 50 Jahren aufwärts, als ihre jugendliche Schönheit bereits verblüht war. Auf einem um 1576 entstandenen und Johann Bocksberger zugeschriebenen Ölgemälde (s. Cover dieses Buches) wird Philippine als stattliche, hochgewachsene Frau in mittleren Jahren mit ernstem Gesichtsausdruck dargestellt. Sie trägt zurückhaltende, aber doch kostbare Garderobe. Das hoch geschlossene mit Rhombenmuster verzierte goldene Kleid öffnet sich, ohne die Taille besonders zu betonen, glockenförmig zu den Füßen hin. Aus Kragen und Ärmeln lugt ein weißes Unterkleid hervor. Ein wertvoller, mit Pelz verbrämter bodenlanger schwarzer Mantel mit gepufften Ärmeln schützt die Trägerin vor Kälte. Auf dem Kopf Philippines ruht ein zierliches Hütchen mit Straußenfeder, Hals und Finger schmücken wertvolle, mit Steinen und Perlen besetzte Ketten und Ringe. Als modische Accessoires hält die fürstliche Dame ein Paar Handschuhe in der rechten und ein besticktes Taschentuch in der linken Hand. Gerade die Taschentücher, die im 15. Jahrhundert erstmals in Italien auftauchten, galten als ›letzter Schrei‹ der damaligen Mode. Sie waren Luxusartikel, die in manchen Kleiderordnungen den unteren Ständen zu tragen verboten waren.

So blickt uns eine durchaus standesbewusste, aber doch zurückhaltende, in stiller Würde ruhende Frauenfigur entgegen. Zu einem auftrumpfenden Hochgefühl hatte Philippine zu diesem Zeitpunkt keine Veranlassung mehr. Zu lange hatte sie um ihre Anerkennung kämpfen müssen, als dass sie nun in vorgerücktem Alter zu Übermut geneigt hätte. Das Paar lebte seinen gewohnten Lebensrhythmus weiter – wobei die Beschwernisse des Alters immer stärkere Beachtung erzwangen, denn mit der Gesundheit stand es bei beiden nicht zum Besten.

11 Auf dem Weg in die Ewigkeit

DIE KRANKHEITEN PHILIPPINES

Seit den 1570er-Jahren mehren sich die Nachrichten von Philippines schlechtem Gesundheitszustand. Zum ersten Mal schreckte sie ihre Umgebung im September 1570 auf, als sie ihren Mann auf einer Reise nach Speyer begleitete, aber schon in Günzburg die Fahrt unterbrechen musste. Hohes Fieber warf sie aufs Krankenlager. Selbst Mutter und Tante konnten mit ihren Heilmittelchen nicht helfen. Erst der herbeieilende Leibarzt Dr. Georg Handsch befreite die schwer Fiebernde von den Kissen- und Bettenbergen, in die sie ihre allzu fürsorglichen Verwandten gepackt hatten, wusste jedoch auch keinen rechten Rat angesichts des überraschenden Fieberschubs und holte Ratschläge seiner Kollegen aus Ulm und Augsburg ein. Appetitlosigkeit und Übelkeit traten hinzu, sodass Philippine nur stilles Mineralwasser zu sich nehmen konnte. Der bereits vorausgereiste Ferdinand ließ sich von seinem Schwager Karl regelmäßig über Philippines Genesung berichten. Es dauerte jedoch Wochen, bis eine Besserung eintrat. Erst im Dezember konnte Philippine die Heimreise nach Tirol antreten. Diese scheint ihr angesichts der Winterkälte nicht gut bekommen zu sein, denn bereits im Februar des nächsten Jahres lag sie erneut mit Fieber im Bett. Dr. Handsch verordnete daraufhin dem erzherzoglichen Paar eine Kur in Karlsbad, die im August 1571 angetreten wurde. Doch schon in Hall musste die Fahrt unterbrochen werden, da es Philippine immer schlechter ging. Sie klagte über beklemmende Schmerzen in Brust, Herz und Magen, über Unterleibsbeschwerden und geschwollene Beine. Die in Karlsbad unternommene Trinkkur brachte nur schleppend Erfolg. Handsch versuchte zudem, mit Abführmitteln und Aderlässen gegen eine beginnende Wassersucht anzukämpfen. Erst im Oktober reiste das Paar zurück, doch die Leiden stellten sich bald wieder ein.

Nicht zuletzt dürften die Beschwerden Philippines und Ferdinands auf ihren ungesunden Lebensstil zurückzuführen zu sein. Die überbordenden Mengen an Speisen und alkoholischen Getränken, die sie täglich zu sich nahmen, führten zu einer Reihe von ›Zivilisationskrankheiten‹: Bei Ferdinand stellte sich die Gicht ein, damals Podagra genannt, sowie Harn- und Nierensteine, bei Philippine Magenbeschwerden und Unwohlsein. Der Genuss verdorbener Lebensmittel tat sein Übriges. So vermerkte Dr. Handsch, dass das erzherzogliche Paar außerordentlich gern große Mengen an Austern zu sich nahm, die aus Italien eingeführt wurden. Ob die Ware bei ihrer Ankunft in Tirol noch frisch war, darf allerdings angesichts der kurz danach auftretenden Magenbeschwerden bezweifelt werden. Wie häufig exklusive, von weit her gebrachte Spezialitäten wie Meeresfrüchte, Fische oder Südfrüchte verdorben auf den Tisch kamen, lässt sich nur erahnen. Zusammen mit der bedenkenlosen Verwendung von Fett und dem hohen Konsum von Fleisch und Alkohol verwundert es nicht, dass sich Stoffwechselerkrankungen im Alter häuften. Dabei hätte es an guten Ratschlägen nicht gemangelt: Ein ärztliches Gutachten, das der berühmte Sienesische Arzt Pietro Andrea Mattioli zusammen mit seinem Trientiner Kollegen Julius Alexandrini 1567/68 dem Erzherzog Ferdinand stellte, beklagte dessen ausschweifende Lebensweise und forderte bescheidene Mahlzeiten und maßvolles Trinken. Genaue Vorgaben darüber, welche Lebensmittel gar nicht oder nur in geringen Mengen einzunehmen waren, folgten. Auch regelmäßiger nächtlicher Schlaf sei wichtig, so die Ärzte. Nicht anders beriet Georg Handsch: Er beklagte die frühmorgendlichen wilden Jagdausflüge des Erzherzogs, empfahl diätetische Kost und Badekuren. Auch Philippine riet er zu Schonkost und verbat ihr das geliebte Sauerkraut, auf das sie jedoch keinesfalls verzichten wollte. Sie ließ es sich lediglich mit Kapaun statt mit Schweinefleisch servieren. So war 1574 die nächste Kur in Karlsbad fällig – wiederum mit nur kurzfristigem Erfolg.

Die geringen Spannen der Abstinenz wirkten sich in dem überwiegend ungesunden Lebensstil der beiden kaum aus. Zur Zeit der Renaissance wurde gut gelebt – und früh gestorben. Die nächsten Jahre waren für Philippine von ständigen Gebrechen begleitet. Der Gatte, selbst nicht mehr der Jüngste und

Gesündeste, machte sich Sorgen um sie, richtete den Blick aber – ganz pragmatisch – auch schon in die Zukunft. 1573 nahm er Kontakt zum Hof seiner Schwester Eleonore in Mantua auf, um die Möglichkeiten einer neuen Heirat mit seiner noch im Kindesalter stehenden Nichte Anna Caterina Gonzaga zu sondieren. Nicht mangelnde Liebe, sondern der Fortbestand seiner Linie trieben Ferdinand zu diesem Schritt. Da der Ehe mit Philippine keine sukzessionsfähigen Kinder entstammten, hätte eine zweite Ehe die Aussicht auf legitime Söhne eröffnet. Die Anfrage zeigt jedoch, wie schlecht es Philippine zu diesem Zeitpunkt bereits ging.

DAS LETZTE FEST

Von Abschied wollte aber noch niemand etwas wissen, als im Februar 1580 eines der aufwendigsten Hoffeste organisiert wurde, die Innsbruck je sah. Anlass war die Hochzeit von Philippines Neffen Johann Liebsteinsky von Kolowrat – dem Sohn ihrer Schwester Regina – mit der reichen Tiroler Adligen Katharina von Payrsberg. Der Erzherzog richtete für seinen Kämmerer ein verschwenderisches Fest unter Beisein zahlreicher Gäste aus dem Tiroler, dem bayerischen und österreichischen Adel aus, das zehn Tage dauerte. Schon einen Tag vor der eigentlichen Hochzeit, am 14. Februar, begannen die Feierlichkeiten mit einem Ringelstechen. Der dazugehörende Festumzug in fünf Aufzügen folgte einem komplexen mythologischen und allegorischen Programm, das Ferdinand selbst entworfen hatte. Der Zug wurde vom Gott Merkur angeführt, den der Obrist Jägermeister Karl Schurff von Schönwert hoch zu Ross und mit geflügeltem Helm auf dem Kopf darstellte. Danach folgte ein Reigen an Göttern und den ihnen zugeordneten Jahreszeiten und Elementen. Reich geschmückte Festwagen versinnbildlichten Frühling, Sommer, Herbst und Winter. Nichts übertraf allerdings den grandiosen Auftritt des Mäzens des Spektakels – Erzherzog Ferdinand persönlich erschien in Gestalt des Göttervaters Jupiter. Auf einem vergoldeten Wagen unter blauem Baldachin sitzend zog er als Hauptfigur des ganzen Aufzuges ein. Auf dem Haupt ruhte eine mit kostbaren

Steinen verzierte goldene Krone, in der Hand hielt er ein Blitzbündel als Attribut des antiken Göttervaters. Ihm folgte sein zweiter Sohn Karl von Burgau im Kostüm des Herkules, was eine Anspielung auf die Vater-Sohn-Beziehung der beiden war, denn in er antiken Mythologie galt Herkules als Sohn des Jupiters und der sterblichen Alkmene. Der Festumzug bot die günstige Gelegenheit, vor aller Augen Vater und Sohn als Ranggleiche zusammenzuführen. Schließlich zählte auch der Halbgott Herkules auf Grund seiner Taten zu den olympischen Göttern.

Die Festivitäten hatten kein Ende. Neben dem Ringelstechen gab es weitere Turniere, Maskenumzüge, Festbankette, Tanzveranstaltungen und Empfänge in der Hofburg wie in Ambras. Das Gepränge war so groß, dass Ferdinand es zu seinem Ruhm unbedingt für die Nachwelt festhalten wollte. Dazu ließ er durch den Maler Sigmund Elsässer (zweite Hälfte 16. Jh.), der in den Jahren 1579 bis 1587 als Hofmaler in Innsbruck wirkte, aquarellierte Kupferstiche anfertigen, die den Festumzug und die teilnehmenden Personen festhielten und die Bedeutung des allegorischen Geschehens durch kurze Texte erläuterten. So wurde Jupiter als »Ein Gott aller Götter« vorgestellt. »Ein Herrscher der Vier Elemente und ein Regierer alles dessen, so zwischen Himmel und Erden beschlossen wird, ein strenger Richter und Eiferer der Gerechtigkeit, ein Vater und Zuflucht der Frommen.« Und da Jupiter von keinem anderen als von Ferdinand persönlich dargestellt wurde, wie der Text weiterhin erwähnt, kann man von einem wahrhaft olympischen »Regierungsprogramm« für Seine Fürstliche Durchlaucht sprechen! Die prächtigen Illustrationen, die das Prestige und den Ruf des Erzherzogs zu mehren halfen, wurden in der Innsbrucker Druckerei Johann Bauers vervielfältigt. So findet sich ein Bilderzyklus des Festes auch im Renaissance-Esszimmer auf Schloss Bresnitz, wo die Liebe des Paares einst begann.

Das Schmausen und Festen mochte einen glanzvollen Höhepunkt des Innsbrucker Hoflebens darstellen – anstrengend war es allemal. Das lange Stehen und Sitzen in der Kälte, das Tanzen, das kräftige Essen und Trinken erschöpften die Kräfte der Teilnehmer. Philippine zeigte sich nach dem Fest kränker denn je. Doch auch ihrer geliebten Tante Katharina von Loxan ging es in diesem Frühjahr 1580 immer schlechter. Freud und Leid lagen auf Schloss Ambras in diesen Tagen so eng zusammen, dass nur wenige Wochen nach der Hochzeit gleich zweimal hintereinander die Sterbeglocken läuten mussten.

DER TOD KATHARINAS VON LOXAN

Für Philippine war es ein Schock ohnegleichen: Ihre geliebte Tante Katharina, Ratgeberin, Vertraute und Freundin der ersten Stunde, tat am 13. April 1580 ihren letzten Atemzug. Zwar verstarb die 69-Jährige nach einem erfüllten Leben und in einem für damalige Verhältnisse stattlichen Alter, doch Philippine zeigte sich trotzdem untröstlich. Unter der Last der Trauer brach sie zusammen. Wie hoch die Wertschätzung war, die Philippine und Ferdinand der Tante zeitlebens entgegenbrachten, zeigt nicht zuletzt der würdevolle Begräbnisort, den sie erhielt: Der Erzherzog ließ es sich nicht nehmen, sie in der Hofkirche zu Innsbruck, wo sich auch das berühmte Kenotaph Kaiser Maximilians I. befand, beizusetzen, was eine besondere Auszeichnung bedeutete.

Da Katharina von Loxan am Ende ihres Lebens zum Katholizismus zurückgekehrt war, konnte sie mit allen Ehren und katholischen Riten zu Grabe getragen werden. Unter einer bogenförmigen Nische an der Treppenstiege zur Silbernen Kapelle, der von Ferdinand für sich und seine Frau vorgesehenen Grabkapelle, erhielt die Loxan ihren Platz für die Ewigkeit. Der Sarkophag zeigt ein marmornes Ganzkörperabbild der Verstorbenen aus der Schule des berühmten Bildhauers Alexander Colin (1527/29–1612). So hatte Katharina, die mit geschlossenen Augen und überkreuzten, den Rosenkranz haltenden Händen dargestellt ist, noch im Tod die Gewissheit, dass sie ihrer Nichte ganz nahe war.

Wie schnell Philippine ihr folgen sollte, konnte jedoch niemand ahnen. Mit etwa 53 Jahren war sie noch ein ganzes Stück jünger als ihre Tante, doch gegen ihre vielfältigen Leiden war kein Heilkraut mehr gewachsen.

PHILIPPINES TODESSTUNDE

Mit »akutem Fieber«, wie ihr Sohn Andreas berichtet, legte sich Philippine bereits einen Tag nach dem Tod ihrer Tante aufs Krankenbett nieder. Heftiges Unwohlsein ergriff sie, Tag für Tag nahm ihre Schwäche zu. Keine Arznei zeigte mehr Wirkung. Am 23. April schwebte sie so offensichtlich in Todesgefahr, dass ihr der Beichtvater Christoph Gampasser die letzte Beichte abnahm. Nach einer weiteren schweren Nacht empfing sie am nächsten Morgen zwischen fünf und sechs Uhr die Kommunion und kurze Zeit darauf die Letzte Ölung. Philippine war bei vollem Bewusstsein und ertrug mit großer Geduld ihre letzten Stunden. Sie bat ihren geliebten Mann Ferdinand um Verzeihung, falls sie nicht immer nach seinem Willen gehandelt haben sollte, und legte ihm die Versorgung ihres Gesindes ans Herz. Danach rief sie ihre Kinder Andreas und Karl zu sich, um sie zu ermahnen, ihrem Vater stets Freude zu machen, und befahl sie »mit gebottener Hand« Gott. Danach verabschiedete sie sich von allen Anwesenden im Raum: von ihrem Bruder Karl, von Ferdinand von Bayern, Ottheinrich von Braunschweig und Jaroslaw von Kolowrat. Leise sprach sie das Gebet: »Herr, ich habe gesündigt gegen den Himmel und gegen dich, ich bin nicht wert dein Kind zu heißen.« Mit Innigkeit küsste sie das Ablasskreuz, das sie vom Papst erhalten hatte, und blickte lächelnd nach oben. Vom Erzherzog gefragt, warum sie so heiter sei, antwortete sie: »Ich sehe etwas, das mich freut.« Sie verabschiedete sich noch einmal von ihrem Umfeld, gab jedem die rechte Hand und fand für alle Anwesenden ein gutes Wort. Zuletzt kümmerte sie sich auch noch um das Wohlbefinden ihres Neffen Ferdinand von Bayern, der mit der Totenkerze in der Hand an ihrem Bett stand: »Euer Liebden werden müde.« Sanft und ohne Todeskampf verschied sie am 24. April 1580 abends um acht Uhr. Als ihre letzten Worte sind überliefert: »Ich will bald bei dir sein.«

So schied Philippine im Alter von 52 oder 53 Jahren – ihr Geburtsmonat ist nicht bekannt– im Einklang mit sich selbst aus dem Leben. In ihrer adligen Umwelt hatte sie sich durch ihr bescheidenes Auftreten und ihr karitatives Engagement Aner-

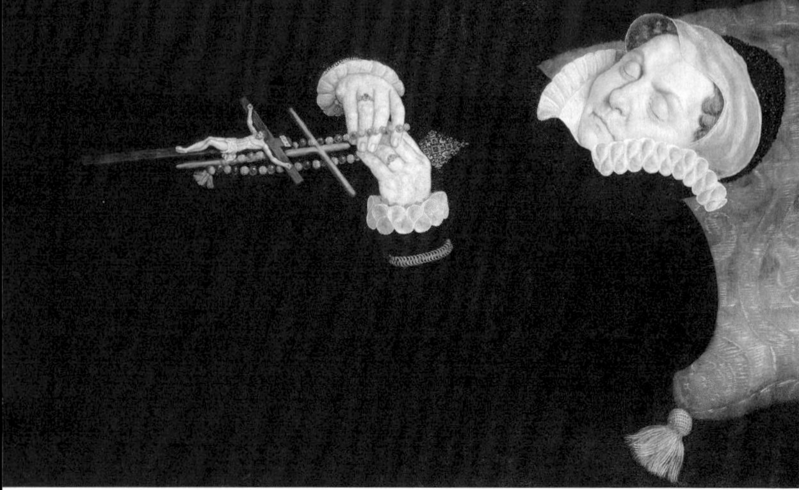

Philippine Welser im Tod. – Anonymer Maler, 1580

kennung erkämpft; von Ressentiments ihr gegenüber ist an ihrem Sterbelager jedenfalls nichts mehr zu spüren. So mögen ausgerechnet ihre Todesstunden vielleicht zu den schönsten und zufriedensten Momenten ihres Lebens zählen. Diese versöhnliche Stimmung hielt ein anonymer Künstler fest, der Philippine kurz nach ihrem Tod auf dem Sterbelager malte und in Öl bannte. Ganz in schwarz gekleidet, mit einer feinen weißen Haube auf dem Kopf, stellt er sie auf einem prächtigen Kissen ruhend in friedlicher Stille dar. Kein Zug des Verhärtung oder des Zorns ist erkennbar. Ihre Hände umgreifen einen Rosenkranz und das päpstliche Ablasskreuz, das sie in ihrer Todesstunde bei sich hatte – der versöhnliche Abschluss eines ungewöhnlichen Lebens.

TRAUERFEIER UND BEGRÄBNIS

Philippines Tod stürzte nicht nur den gesamten Hof in tiefste Trauer. Der erschütterte Erzherzog, um dessen Gesundheit seine Umgebung schon zu fürchten begann, ließ am 25. April über ein landesfürstliches Mandat den Tod der »Hochgeborenen Fürstin und Frau Philippine« im ganzen Land bekannt machen. Von allen Kanzeln wurde die Todesnachricht verlesen, in allen Pfarrkirchen fanden Trauergottesdienste und Andachten statt. Ganz Tirol versank in Landestrauer. Feste, Tanz- und Musikveranstaltungen waren für Wochen verboten, Hochzeiten durften nur ohne Saitenspiel und Tanz stattfinden. Die Tiroler trauerten aufrichtig um ihre Fürstin, denn noch Jahre später hieß es im Volksmund: »Wir haben an unserer gnädigsten Frau sehr übel verloren.« Die befreundeten Höfe ließ Ferdinand ebenfalls offiziell über den Tod seiner geliebten Gattin unterrichten, auch der Papst und das Kardinalskollegium wurden informiert. Seinem langjährigen Vertrauten Franz von Thurn schrieb Ferdinand persönlich über den Verlust: »Wir geben dir mit betrübtem Gemüt zu vernehmen, dass Gott der Allmächtige weiland unser geliebte eheliche Gemahl seliger Gedächtnis an gestern abends um acht Uhr aus dieser (…) Welt erfordert (hat …).«

Vier Tage nach ihrem Tod, am 28. April, fand in der Silbernen Kapelle der Innsbrucker Hofkirche die Begräbniszeremonie für Philippine statt. Der Abt von Stift Wilten zelebrierte die Trauerfeier in Gegenwart des Abtes von Stams, mehrerer Pfarrer und unter Beisein des gesamten Hofes sowie aller Würdenträger. Der Hofadvokat Georg Roner hielt die kunstvoll ausgearbeitete Leichenrede. Ähnlich wie ihre Tante Katharina erhielt auch Philippine ihren letzten Ruheplatz unter einer bogenförmigen Nische. Ferdinand gab bei dem berühmten Bildhauer Alexander Colin einen Marmorsarkophag in Auftrag, der die Tote in voller Körperlänge im prächtigen Sterbekleid auf dem Totenbett liegend darstellte und der bis heute an diesem Ort zu sehen ist. Zwei Reliefs, den Tugenden Philippines gewidmet, zieren die Vorderseite des Sarkophags: Glaube und Barmherzigkeit. Das linke Relief zeigt Werke der Schöpfung und der Erlösung, an die Philippine stets geglaubt hatte, das rechte die sieben Werke der Barmherzigkeit in Anspielung auf ihr karitatives Engagement. Die zwischen den Reliefs angebrachte Inschrift betont in aller Deutlichkeit, wer hier liegt: PHILIPPINAE CONIUGI CHARISSIMAE – die innigst geliebte

Monument für die Ewigkeit: Die Innsbrucker Hofkirche

Mit der Innsbrucker Hofkirche setzten sich die Habsburger selbst ein Denkmal. Kaiser Ferdinand I. begann 1553 den Bau, um einen würdevollen Rahmen für das monumentale Grabmal seines Großvaters Maximilian I. zu schaffen. Dieser hatte sich schon zu Lebzeiten intensiv um seinen Nachruhm gesorgt und 1502 zusammen mit dem Münchner Maler Gilg Sesselschreiber (1460/65–nach 1520) erste Pläne für ein Erinnerungsmal entworfen, das die Wurzeln des Kaisertums – die römisch-antike Tradition, die Familienheiligen sowie die Habsburgischen Vorfahren – verklären sollte. Unter den Händen verschiedener Künstler, zu denen auch Albrecht Dürer (1471–1528) und Peter Vischer d. Ä. (1455–1529) zählten, entstand ein einzigartiger in Bronze gegossener, überlebensgroßer Figurenzyklus, dessen Herzstück die 40 Ahnen des Hauses Habsburg waren, die dem verstorbenen Maximilian das Trauergeleit geben sollten. Auch wenn nur 28 Figuren realisiert wurden und sich ihre Aufstellung am Grab des Kaisers in Wiener Neustadt als unmöglich erwies, gehört das am ›Ersatzort‹ Innsbruck, dem Lieblingssitz Maximilians I., aufgestellte Kenotaph zu den grandiosesten Kaisergräbern der Geschichte. Das monumentale Leergrab mit der vom Bildhauer Alexander Colin geschaffenen knienden Figur Maximilians umstehen in zeitloser Schönheit die sagenhaften und realen Vorfahren des Hauses Habsburg – von König Artus, Chlodwig I. und Theoderich bis hin zu Maximilians Sohn Philipp dem Schönen. Die eindrucksvolle Ahnengalerie, die sich bis in mythische Vorzeit erstreckte, untermauerte den universalen Herrschaftsanspruch des Hauses Habsburg.

Man kann sich angesichts dieser Apotheose ausmalen, welchen Affront es bedeutete, dass in diesem herausgehobenen Bau ausgerechnet auch zwei Patriziertöchter ihre letzte Ruhe fanden – Katharina von Loxan, geborene Adler, und Philippine Welser. Was unter Kaiser Ferdinand I., dem Erbauer der Hofkirche, unvorstellbar gewesen wäre, machte sein Sohn möglich: Er ließ ab 1577 die Silberne Kapelle als Grabkapelle für sich und seine Frau im ehemaligen Eingangsbereich der Hofkirche anbauen. Hier wollte er seine Liebsten um sich haben. Katharina von Loxan fand ihr Grab an der Treppenstiege zur einer Etage höher gelegenen Silbernen Kapelle, die den Burggraben überspannte und den Verbindungsweg zur Hofburg herstellte. Philippine fand direkt im Kapellenraum ihre letzte Ruhe, ganz nah bei dem Ort, an dem ihr Gatte nach seinem Tod 1595 beigesetzt werden würde. Dabei leistete sich Ferdinand eine letzte Extravaganz: Seine von Alexander Colin geschaffene weiße Marmorfigur liegt auf einer niedrigen Estrade auf dem Fußboden – ein Novum bei fürstlichen Gräbern. In kompletter Rüstung, mit Fürstenmantel, Erzherzogshut und der Kette des Ordens vom Goldenen Vlies angetan, erwartet er mit gefalteten Händen die Auferstehung. Vier große Marmorreliefs, die die Heldentaten seines Lebens verewigen, umgeben ihn. Dazu gehörten die Schlacht von Mühlberg an der Elbe 1547, die Übertragung der Statthalterschaft über Böhmen, sein erster Türkenfeldzug 1556 mit der Eroberung Korothnas und sein zweiter, weitaus erfolgloserer Türkenfeldzug 1566 mit einem phantasievoll interpretierten unterwürfigen osmanischen Kommandanten.

Gattin des Erzherzogs Ferdinand! Das kostbare Grabmal, das erst ein Jahr nach dem Tod der Landesmutter fertiggestellt war, nahm den bis dahin in der Silbernen Kapelle stehenden schlichten Sarg Philippines auf.

Für Ferdinand brach eine schwere Zeit an. Er zeigte sich untröstlich über den Verlust seiner Frau und musste ärztlich behandelt werden. Noch im Sommer des Jahres 1580 fand ein französischer Besucher in Innsbruck volle Hoftrauer vor; alle Möbel des Schlosses seien mit schwarzem Tuch bedeckt, berichtete er. Sorgfältig erfüllte Ferdinand den letzten Wunsch

Philippines und gewährte ihren Hofdamen und jenen Armen, um die sie sich zeitlebens gekümmert hatte, Pensionen und Gnadengelder. Noch 1593 weist eine Hofstaatsrechnung einen Posten über 1800 Gulden aus, die an 16 Personen aus Philippines Umgebung gingen.

NACHRICHTEN VON PHILIPPINES TOD

Über den Tod Philippines ist die Nachwelt durch zeitgenössische Dokumente recht gut unterrichtet. Die »Fugger-Zeitung« – so nannte man die handschriftlichen Briefe, mit denen sich die Augsburger Bankiersfamilie von den Vorgängen an ausländischen Höfen informieren ließ – gab in einem acht Papierblätter umfassenden Bericht detailliert Auskunft über die letzten Stunden der prominenten Kaufmannstochter. Hervorgehoben wurde, »mit welch christlichem Herzen und Gemüt die Durchlauchtigste Hochgeborene Fürstin und Frau« gestorben sei, wie sie die letzte Beichte ablegt, die letzte Ölung empfangen und die Todesstunde im Kreise ihrer Familie und ihres Hofstaates erwartet habe. Der um Genauigkeit bemühte Berichterstatter schließt mit der Hoffnung, Gott möge der Verstorbenen eine fröhliche Auferstehung gewähren. Unter dem Titel »Kurze Beschreibung des Durchlauchtigsten Frau Philipines gottseligen Ableibens« erschien dieser Bericht auch in gedruckter Form in der Druckerei Bauers in Innsbruck.

Eine Lebensbeschreibung Philippines und eine Würdigung ihrer Taten gab auch die in Latein abgefasste Grabrede Georg Roners, die nicht nur während der Begräbnisfeier mündlich vorgetragen wurde, sondern im Dezember 1580 in Augsburg auch im Druck erschien. Die »Oratio funebris« legte dabei schon den Grundstein für das Bild, das sich die Nachwelt von Philippine machen sollte. Denn der tüchtige Hofjurist, der für seine Eloge 50 Gulden von Erzherzog Ferdinand erhielt, tat natürlich sein Bestes, um die Verstorbene in den höchsten Tönen zu loben. So rühmte er ihre überwältigende Schönheit, ihre stattliche, heroische Erscheinung, die sie schon von weitem als Fürstin kennzeichnete, ihre lebhaften Augen und den königlichen Mund. Allerdings erweisen sich diese Beschreibungen bei näherem Hinsehen als literarische Topoi, die Roner auch in anderen Dichtungen für seine Protagonistinnen und Protagonisten verwendete. Neben der Schönheit hob der Lobredner Philippines karitative Tätigkeit, ihren Einsatz um Arme und Schwache, hervor und zeichnete sie damit als warmherzigen Menschen. Höchste Mühen habe sie darauf verwandt, Kranke zu besuchen und zu heilen, stets habe sie ein Gefäß mit Salben für die Kranken bei sich gehabt und Arzneien selbst gemischt. Danach schilderte er ausgiebig ihr Sterben in christlicher Demut und Bescheidenheit. Die salbungsvolle Eloge enthält drei wichtige Bausteine, aus denen sich später der Philippine-Mythos speiste: Schönheit, Barmherzigkeit und Frömmigkeit kamen laut Roner bei ihr auf ideale Weise zusammen. Die Übereinstimmung von äußerer Schönheit und charakterlicher Tadellosigkeit prädestinierte Philippine geradezu für eine romantische Verklärung. In starker Überzeichnung wurde sie von späteren Interpreten als gefeierte Schönheit, als pflichtbewusste Hausfrau und Mutter und als kompetente Krankenpflegerin vorgestellt.

12 Die Hinterbliebenen

DER WITWER

So sehr Ferdinand auch trauerte, lange allein bleiben wollte er nicht. An eine zweite Ehe hatte er bereits zu Philippines Lebzeiten gedacht (s. Seite 110). Die schon 1573 vorsichtig geknüpfte Beziehung zu Anna Caterina Gonzaga kam knapp zehn Jahre später zustande. Mit großem Pomp heiratete der 53-jährige Witwer am 14. Mai 1582 seine erst 16-jährige Nichte aus Mantua. Diese Ehe galt als standesgemäß, zählten die Gonzagas doch zu den bedeutendsten Fürstenfamilien Italiens. Anna Caterina war die Tochter des hochangesehenen und überaus reichen Herzogs Guglielmo III. Gonzaga und der Erzherzogin Eleonore, einer Schwester Ferdinands. Die mehrtägigen Feierlichkeiten begannen mit einem Turnier, gefolgt von einem Festumzug, in dem die Hochzeitsgäste in antikisierenden Prunkrüstungen oder in farbenfrohen ungarischen und türkischen Kostümen erschienen. Der Bräutigam selbst trat in der Gewandung des trojanischen Helden Aeneas auf. Die Analogie zur Realität war den Zuschauern offensichtlich, denn Aeneas hatte laut Sage seine erste Frau beim Untergang Trojas verloren und danach erneut geheiratet, um eine große Schar Nachkommen zu zeugen. Ihm wollte es der Erzherzog nachtun. Als neue Lavinia konnte dementsprechend Anna Caterina Gonzaga gesehen werden. Das verschwenderische Fest, das mit einer Gamsjagd und einem abendlichen Feuerwerk beendet wurde und den halben Tiroler Landeshaushalt verschlang, brachte den politischen Sinn und Zweck der Ehe damit recht ungeschminkt zum Ausdruck: Erzherzog Ferdinand wollte erbberechtigte Söhne haben. Eine Liebesheirat zwischen gleichberechtigten Partnern war die Verbindung nicht.

Das Eheleben, das sich im Schlösschen Ruhelust im Westteil des Innsbrucker Hofgartens abspielte, gestaltete sich denn auch nicht restlos sorgenfrei. Zwar brachte Anna Caterina italienischen Stil nach Tirol, der sich vor allem im Bereich der Festkultur, des Theaters, der Musik und des Essens niederschlug, doch am häuslichen Glück ermangelte es zusehends. Zur großen Enttäuschung Ferdinands brachte die junge Gattin ›nur‹ drei

Mädchen zur Welt, von denen das Älteste im ersten Lebensjahr verstarb. So blieben dem Erzherzog nur die 1584 geborene Tochter Maria und die im Jahr darauf geborene Anna als legitime Nachkommen für die Zukunft übrig. Das war nicht das, was er sich erhofft hatte; er begann, sich anderweitig zu vergnügen. Ferdinand ging Affären ein und zeugte 1590 aus »rein menschlicher Blödigkeit«, wie er bekannte, »mit einer frei ledigen Weibsperson« einen unehelichen Sohn, Christoph von Hertenberg, der aber ebenfalls wie die Söhne aus der Ehe mit Philippine Welser im Hause Habsburg nicht nachfolgeberechtigt war. Am 24. Januar 1595 starb Erzherzog Ferdinand II. im Beisein seiner zweiten Gemahlin und der gemeinsamen Töchter in Ruhelust. Seinen Begräbnisplatz fand er in der Innsbrucker Hofkirche bei der Frau, die er aufrecht geliebt und verehrt hatte.

Anna Caterina Gonzaga wurde mit 29 Jahren Witwe. Sie heiratete nicht noch einmal, sondern trat zusammen mit ihrer Tochter Maria in das von ihr in Innsbruck gegründete Servitinnenkloster ein. Wegen ihrer Unterstützung der Gegenreformation und aufgrund ihrer Rolle als Klostergründerin wurde sie im Volk wie eine Heilige verehrt. Ihre jüngere Tochter Anna heiratete 1611 ihren Cousin Erzherzog Matthias, der ein Jahr später römisch-deutscher Kaiser wurde.

DAS SCHICKSAL DER SÖHNE ANDREAS UND KARL

Dass Glück nicht vererbbar ist, mussten auch die Söhne Erzherzog Ferdinands und Philippine Welsers erfahren, auch wenn die Eltern alles taten, um ihnen ein standesgemäßes Fortkommen zu sichern. Ferdinand bemühte sich rege, seine beiden Jungen materiell abzusichern. Er übertrug ihnen Ländereien und gewährte ihnen regelmäßige Einkünfte, die er auch von Seiten seiner Verwandten garantieren ließ. Andreas, der ältere, war für eine geistliche Karriere bestimmt und erhielt ab 1576 eine entsprechende Erziehung. Noch im gleichen Jahr wurde er, nachdem der Papst seine legitime Abkunft bestätigt hatte, trotz fehlender Priesterweihe zum Kardinal erhoben. Als Titelkirche in Rom erhielt er Santa Maria Nuova. Mit großem finanziellem Aufwand wurde er von seinen Eltern nach Rom geschickt, um dort als Haupt der habsburgisch-kaiserlichen Partei im Kardinalskollegium zu wirken. Die hohen Kosten, die der Romaufenthalt mit großem Gefolge erforderte, waren für das Land Tirol jedoch fast zu viel. Während man in der Ewigen Stadt über den »ärmlichen Hof« des jungen Kardinals spöttelte, saßen die Finanzräte dem Erzherzog wegen der überbordenden Geldforderungen im Nacken. Doch selbst der Papst ließ durchblicken, dass ein jährliches Deputat von 30 000 Gulden für ein standesgemäßes Leben in Rom vonnöten sei. 1579 musste Andreas wegen Geldmangels nach Innsbruck zurückkehren. Der Papst versicherte ihn seiner Zuneigung auch bei seiner Abwesenheit.

Es begann die lange Suche nach einträglichen kirchlichen Pfründen, die der Vater beharrlich, aber meist erfolglos vorantrieb. Die Konkurrenz aus dem Hochadel hatte bei der Verteilung von Bistümern und Coadjutorenstellen in der Regel die Nase vorn. Erst 1589 gelang unter hohen Geldzahlungen seine Berufung zum Bischof von Konstanz. Als er 1591 nach dem Tod Bischof Thomas Spaurs schließlich auch das Brixener Bistum übernehmen konnte, das er bereits seit einigen Jahren als Coadjutor verwaltet hatte, war seine Stellung endlich abgesichert. Der erzherzogliche Vater gab wie zum Trotz die verschwenderische Ausstattung der Brixener Hofburg in Auftrag und ließ sie mit niederländischen Tapeten ausstatten, die ihm die Fugger in Antwerpen besorgt hatten. Gemälde, Samt, Florentiner Taft – alles wurde aufgeboten. Auch Andreas tat, was er konnte, um seine Zugehörigkeit zum Hause Habsburg zu untermauern. 1596 gab er bei dem Bildhauer Hans Reichle (1565/70–1642) 44 Terrakottastatuen in Auftrag, von denen 24 in den Nischen des Arkadenhofes seiner Residenz Aufstellung fanden. Sie zeigten Herrscher des Frankenreiches und des Hauses Habsburg. Die eindrucksvolle Fürstengenealogie endete bei Kaiser Ferdinand I., Erzherzog Ferdinand und natürlich bei Andreas selbst.

Ein allzu langes Wirken im Dienste der Kirche war dem Kardinal jedoch nicht vergönnt. Er nahm an drei Papstwahlen teil, leitete sogar die Krönungen der Päpste Sixtus V. und Gregor XIV. und förderte eifrig die Gegenreformation in seinen Bistümern. Zuletzt hatte ihm der Vater noch die Statthalterschaft über alle ober- und vorderösterreichischen Länder übertragen. Doch Andreas starb am 12. November 1600 mit nur 42 Jahren an einem plötzlich auftretenden Fieber in Neapel und fand auf dem deutschen Friedhof bei Sankt Peter in Rom, Santa Maria dell'Anima, sein Grab.

Nicht weniger bemüht zeigte sich der Erzherzog um seinen Zweitgeborenen, Karl. Der militärisch ausgebildete junge Mann, blond und gutaussehend, war ein rechter Heißsporn, galt als hervorragender Reiter und Sportler. Seit einer Übereinkunft mit Kaiser Rudolf II. 1578 trug Karl zusammen mit seinem Bruder die fürstliche Titulatur »Markgraf von Burgau«. Ferdinand hoffte, seinen Jüngsten in spanischen Diensten unterzubringen. 1587 wurde er zum spanischen Oberst ernannt und führte ein Regiment von 2400 Landsknechten in die Niederlande. Seitdem traf man ihn auf diversen Kriegsschauplätzen an, er kämpfte 1593 gegen die Türken und brachte es bis zum Feldmarschall. Mehrere vom Vater angestrebte Heiratsprojekte an italienischen Höfen zerschlugen sich, auch der Erwerb der Hochmeisterwürde des Deutschen Ordens scheiterte – vor allem an Karls eigenem Widerstand, da er zum zölibatären Leben nicht bereit war.

So war Karls Stellung im Todesjahr seines Vaters recht prekär. Erst 1601 gelang eine Ehe mit der verwitweten, älteren Herzogin Sibylle von Jülich-Kleve-Berg (1557–1628), deren Haus man unter allen Umständen im katholischen Lager halten wollte. Wie vom Vater gewünscht und in einem weiteren Vertrag mit Kaiser Rudolf II. (1605) bestätigt, bekam Karl die Herrschaft über die Markgrafschaft Burgau übertragen – einschließlich der Landgrafschaft Nellenburg und der Herrschaften Hohenburg, Feldkirch, Bregenz und Hoheneck mit einem jährlich garantierten Einkommen von 30 000 Gulden, die bereits von Kaiser Ferdinand I. 1561 als Versorgungsleistung für die Söhne Philippines vorgesehen waren. Mit seiner Frau zog Karl 1609 von Ambras ins Schloss Günzburg, das ihm der Vater noch zu Lebzeiten erbaut hatte. Die Ehe blieb allerdings kinderlos, und als Karl am 31. Oktober 1618 mit 58 Jahren überraschend auf einer Erholungsreise in Überlingen am Bodensee starb, endete die männliche Linie Erzherzog Ferdinands. Die Markgrafschaft Burgau fiel an das Kaiserhaus zurück.

DAS VERWAISTE ZUHAUSE: AMBRAS

Das heitere Ambras, Schauplatz zahlreicher Belustigungen, erwartete nach dem Tod des erzherzoglichen Paares ein trauriges Los. Nach dem Ableben Ferdinands 1595 ging das Schloss mit seinen Kunstschätzen auf den Zweitgeborenen Karl über. Als dieser jedoch die Herrschaft über die Markgrafschaft Burgau antrat, verlagerte sich sein Lebensmittelpunkt nach Günzburg; Ambras drohte zu verwaisen. Die Habsburgische Verwandtschaft meldete rasch Interesse an dem stattlichen Besitz an. Der kunstsinnige Kaiser Rudolf II., der Cousin Karls, zeigte sich schnell bereit, Schloss und Herrschaft einschließlich der Rüst- und Kunstsammlungen zu übernehmen. Nach zähen Verhandlungen verkaufte ihm Karl 1605 das Erbe des Vaters für 170 000 Gulden. Um zu sichern, was ihm noch zustand, ließ Karl 1610 die schönsten Einrichtungsgegenstände und die mobile Habe des Schlosses nach Günzburg schaffen. Dabei kam es mitunter zu Beschädigungen: Wandvertäfelung, Wandschränke und Bettgestelle wurden lieblos herausgerissen, wertvolle Teppiche und Tapeten eingepackt, Silbergeschirr, Damasttischdecken und vieles mehr abtransportiert, sodass die Tiroler Finanzkammer klagte, im Schloss sei nichts als einige alte, zerbrochene Stühle übrig geblieben. Fünf voll beladene Schiffe transportierten die Schätze über Inn und Donau nach Günzburg. Das Schloss selbst und die berühmten Kunstsammlungen blieben jedoch in Besitz des österreichischen Kaiserhauses und wurden von den jeweiligen Landesfürsten Beamten zur Verwaltung anvertraut. Ein neuer Bewohner fand sich erst 1855 mit Erzherzog Karl Ludwig ein, der Ambras als Sommerresidenz nutzte und einige Umbauten veranlasste, die sein späterer »Nachnutzer«, Erzherzog Franz Ferdinand, der das Schloss 1913 ebenfalls zu seiner Sommerresidenz erkor, im Wesentlichen wieder rückgängig machte. Nach dem Ende der Monarchie übernahm die Republik Österreich das Renaissance-Erbe und machte es als Museumsbau der Öffentlichkeit zugänglich.

13 Im Banne der Legende

PHILIPPINES VERKLÄRUNG

Rasch weckte die Legende Ambras und seine Bewohner aus dem Dornröschenschlaf, in den es zu versinken drohte. Die Liebesgeschichte zwischen der bürgerlichen Patriziertochter und dem habsburgischen Prinzen war einfach zu schön, um vergessen zu werden. Geschichte um Geschichte begann sich um das Paar zu ranken. Bis zum 18. Jahrhundert waren alle Elemente des späteren Philippine-Mythos ausgeprägt: Die Nachricht von der ersten Begegnung des Paares in Augsburg während des Geharnischten Reichstages 1547/48 setzte bereits der Chronist Martin Crusius in seinen »Schwäbischen Annalen« (1596) in die Welt, um die besondere Bedeutung Augsburgs für die Liebesbeziehung zu betonen. Es folgte die zu Tränen rührende Episode von Philippines Kniefall vor dem kaiserlichen Schwiegervater, mit dem sie angeblich Gnade für ihre heimliche Ehe erwirkte, die Franz Christoph Khevenhiller 1721 in den »Annales Ferdinandei« erstmals aufzeichnete.

Als besonders wirkmächtig erwies sich die schauerliche Geschichte von Philippines angeblicher Ermordung in der Badewanne. Gegner der heimlichen Ehe, die sich von ihrem Landesherrn erbfolgeberechtigte Nachkommen wünschten, sollen die Augsburgerin mit Opium betäubt und ihr die Pulsadern aufgeschnitten haben, um sie in ihrer eigenen Badewanne auf Ambras verbluten zu lassen. Wie sich aus einem Reisebericht Johann Georg Keyßlers ergibt, kursierten solche Geschichten in Tirol schon um 1729. Und immer wieder gab Philippines Schönheit Anlass zu zahlreichen Ausschmückungen: Ihre Kehle, berichtet Johann Heinrich Zedler 1747 in seinem »Großen vollständigen Universal-Lexicon aller Wissenschaften und Künste«, sei so zart gewesen, dass man darin roten Wein hinunter laufen sah, wenn sie trank. Allerdings sagte man dies auch einer anderen schönen Augsburgerin nach, nämlich Agnes Bernauer, so dass es gut sein kann, dass sich hier zwei Legenden über prominente Bürgerstöchter der Stadt miteinander verbanden. Doch um historische Genauigkeit ging es bei all diesen volkstümlichen Erzählungen ohnehin nie; sie berührten das Herz, und dieser Umstand erwies sich als ausbaufähig für die Zukunft.

DIE ROMANTIK

Eine regelrechte Hochkonjunktur erlebte der Philippine-Rummel in der Romantik. Die vorhandenen Erzählstränge wurden weiter ausgeschmückt und fanden über den Buchdruck Verbreitung. Populäre Zeitschriften, Gazetten und Konversationsblätter stürzten sich auf die größtenteils erfundenen Herz-Schmerz-Geschichten um die heimliche und selbstverständlich dramatisch endende Liebesbeziehung zwischen dem Erzherzog und der Bürgerstochter, die man nun zunehmend aber für bare Münze hielt. Das Thema beschäftigte Roman- und Dramenschreiber ebenso wie bildende Künstler. Besonders wirkmächtig zeigt sich das vom Historienmaler Giustiniano degli Avancini (1807–1843) angefertigte und 1825 dem Tiroler Landesmuseum Ferdinandeum in Innsbruck geschenkte Ölbild, das in süßlichem Ton die erste Begegnung Philippines und Ferdinands in Augsburg zeigt. Wie ein Märchenprinz blickt der schmuck gekleidete Erzherzog auf seinem schneeweißen Ross zu der im Fenster stehenden Philippine empor und scheint vor Entzücken zu erstarren. Scheu blickt Philippine in die Ferne. Um das Geschehen auch kundig zu erläutern, gab der Maler den Museumshütern eine eigens verfasste Novelle mit dem Titel »Ferdinando conte del Tirolo« mit auf den Weg. Das Bild wurde prompt aufgehängt und begeistert bis heute die Museumsbesucher im Ferdinandeum. Damit verfestigte sich das Märchen von der ersten Begegnung des Paares in Augsburg während des Reichstages von 1547/48.

Am leichtesten konnte man sich die Anziehungskraft Philippines offenbar über ihre außerordentliche Schönheit erklären. Der Innsbrucker Kunstmaler Peter Paul Kirchebner gab ihr daher ein besonders hübsches, allerdings frei erfundenes Gesicht, das vor allem als Postkartenmotiv weite Verbreitung fand. Mannigfach in alle Welt versendet – gerne nach einem Besuch von Schloss Ambras oder der Innsbrucker Hofkirche –

Erzherzog Ferdinand II. erblickt Philippine Welser am Fenster ihres Elternhauses. – Gemälde von Giustiniano degli Avancini, 1825

setzte sich im ausgehenden 19. Jahrhundert damit ein ganz bestimmtes, geschöntes Bild von Philippine in den Köpfen der Nachgeborenen fest. Die aufstrebende Fremdenverkehrsindustrie des Alpenländchens störte das keineswegs – ganz im Gegenteil: Die bescheidene Augsburgerin wurde Tirols attraktivste Botschafterin!

WAS BLEIBT?

Inzwischen hat man sich von diesem verklärten Bild verabschiedet. Die Unwahrheit vieler Erzählungen ist längst historisch nachgewiesen. Vom Wucherwerk der Mythen und Legenden befreit, bleibt jedoch die Erinnerung an eine außergewöhnliche Frau, die sich trotz standesmäßiger Unterlegenheit in einer hochadligen Umwelt durchzusetzen verstand. Als Bürgerliche im Hause Habsburg bewegte sie sich im 16. Jahrhundert auf schwierigem, um nicht zu sagen: gefährlichem Terrain. Dass Philippine am Ende ihres Lebens als geachtete und allseits beliebte Persönlichkeit starb, bleibt ihre ganz individuelle

Leistung. Keine gröberen Fehler gemacht zu haben, kann eine Kunst sein, die der Anerkennung wert ist – für eine Frau aus dem Kaufmannsstand des 16. Jahrhunderts allemal. Dafür braucht es keine Legenden und Verklärungen. Was diese Liebesgeschichte aber noch zeigt, ist das große Potenzial der Städte. Am jeweiligen Nabel der Zeit trafen sich ›große‹ und ›kleine‹ Welt und bewegten sich aufeinander zu. Die gesellschaftlichen Unterschiede fielen angesichts des von wenigen Familien angehäuften Reichtums in den Städten immer weniger heftig aus. Lebensgefühl, Wertvorstellungen und Manieren von Bürgertum und Adel begannen sich einander anzugleichen. Auch für diese Entwicklung steht Philippine Welser. Die Metropole Augsburg bot die nötigen Rahmenbedingungen für diese zweifelsohne große Liebe.

Zeittafel

1527 Geburt Philippines in Augsburg
1532 Verleihung eines Adelsbriefes an die Brüder Bartholomäus V., Anton und Franz Welser durch Kaiser Karl V. , Ernennung zu kaiserlichen Räten
1551 Reichstag in Augsburg, Herstellung eines Wachsmodells zum Guss einer Gedenkmünze von Philippine durch den Bildhauer und Medailleur Leone Leoni
1555 Erstes nachweisliches Auftreten Philippines im engeren Umfeld Erzherzog Ferdinands II. während der Faschingsfeierlichkeiten in Pilsen
1557 Januar: Trauung des Paares in der Schlosskirche von Bresnitz durch den Priester Johann von Cavalerii
1558 15. Juni: Geburt des gemeinsamen Sohnes Andreas auf Schloss Bresnitz in Böhmen
1559 Aussöhnung mit Kaiser Ferdinand I.; Versorgungsregelung für Philippine und ihre Kinder bei strenger Geheimhaltung der Ehe
1560 22. November: Geburt des zweiten Sohnes Karl auf Burg Pürglitz bei Prag unter Anwesenheit der Mutter Anna
1562 7. August: Geburt der Zwillinge Maria und Philipp auf Pürglitz
1563 Ferdinand II. wird Landesherr von Tirol; Tod der Zwillinge Maria und Philipp
1564 Schenkung von Schloss Ambras an Philippine; Beginn der Bauarbeiten am Schloss
1567 Umzug des Paares nach Tirol; 5. Mai: Erhebung Franz Welsers und seiner Familie in den Freiherrnstand; Philippine trägt seitdem den Titel Freiin von Zinnenburg
1570 Erste schwere Erkrankung Philippines
1571 Kuraufenthalt des Paares in Karlsbad; 28. Dezember: Tod der Mutter Anna
1572 30. Oktober: Tod des Vaters Franz
1574 Erneuter Kuraufenthalt des Paares in Karlsbad
1576 Papst Gregor XIII. entbindet Ferdinand II. und Philippine von der Geheimhaltungspflicht ihrer Ehe; Philippine

ist offiziell Ehefrau des Erzherzogs; Erhebung von Sohn Andreas in den Kardinalsstand

1580 Februar: Feier der Kolowrat-Hochzeit; 13. April: Tod Katharinas von Loxan; 24. April: Tod Philippine Welsers; 28. April: Begräbnis in der Silbernen Kapelle der Innsbrucker Hofkirche

1582 14. Mai: Heirat Ferdinands mit Anna Caterina Gonzaga

1595 24. Januar: Tod Erzherzog Ferdinands II.

Bildnachweis

Haus-, Hof- und Staatsarchiv, Wien: 104

https://commons.wikimedia.org: 37 (Daderot)

KHM-Museumsverband: 13, 29, 35, 52, 58, 73, 76, 78, 81, 90, 92, 95, 97, 114

Karin Schneider-Ferber: 21, 65, 88

Innsbruck, Tiroler Landesmuseen, Kunstgeschichtliche Sammlungen, Inv. Nr. Gem 1099, Foto: TLM: 127

Umschlagmotive: vorne: Philippine Welser, Gemälde von Johann Bocksberger, nach 1576 (KHM-Museumsverband); hinten: Medaillon der Philippine Welser in der „Gartenlaube“ aus dem Jahr 1861 (http://commons.wikimedia.org)

Literaturverzeichnis

Ausstellungskatalog Fürstlich Tafeln, hrsg. von Sabine Haag, Schloss Ambras, Innsbruck 2015

Ausstellungskatalog Kaiser Ferdinand I. 1503–1564. Das Werden der Habsburgermonarchie, hrsg. von Wilfried Seipel, Wien 2003

Ausstellungskatalog Natur und Kunst. Handschriften und Alben aus der Ambraser Sammlung Erzherzog Ferdinands II. (1529–1595), hrsg. von Alfred Auer und Eva Irblich, Schloss Ambras Innsbruck 1995

Ausstellungskatalog Philippine Welser & Anna Caterina Gonzaga. Die Gemahlinnen Erzherzog Ferdinands II., hrsg. von Wilfried Seipel, Schloss Ambras Innsbruck 1998

Ausstellungskatalog Schwaben- Tirol. Historische Beziehungen zwischen Schwaben und Tirol von der Römerzeit bis zur Gegenwart, hrsg. von Wolfram Baer/Pankraz Fried, Augsburg 1989

Ausstellungskatalog Wir sind Helden. Habsburgische Feste in der Renaissance, hrsg. von Wilfried Seipel, Schloss Ambras Innsbruck 2005

Bahlcke, Joachim: Geschichte Tschechiens. Vom Mittelalter bis zur Gegenwart, München 2014

Bakay, Gunter: Philippine Welser. Eine geheimnisvolle Frau und ihre Zeit, Innsbruck – Wien 2013

Boeheim, Wendelin: Philippine Welser. Eine Schilderung ihres Lebens und ihres Charakters, Innsbruck o. J. (1894)

Buzek, Vaclav: Ferdinand von Tirol zwischen Prag und Innsbruck. Der Adel aus den böhmischen Ländern auf dem Weg zu den Höfen der ersten Habsburger, Wien – Köln – Weimar 2009

Dauser, Regina/Ferber Magnus Ulrich: Die Fugger und Welser. Vom Mittelalter bis zur Gegenwart, Augsburg 2010

Ehlert, Trude: Das Kochbuch des Mittelalters. Rezepte aus alter Zeit, Zürich und München 1990

Fajt, Jiri/Hörsch, Markus/Razim, Vladislaw: Krivoklát – Pürglitz. Jagd, Wald, Herrscherrepräsentation, Ostfildern 2014

Ferber, Magnus Ulrich: Augsburg im 16. Jahrhundert, München 2012

Fischer, Bernd: Tirol. Kunstlandschaft und Urlaubsland an Inn und Isel, DuMont Kunst-Reiseführer, Köln 1988

Forcher, Michael: Kleine Geschichte Tirols, Innsbruck – Wien 2006

Furrer, Daniel: Zechen und Bechern. Eine Kulturgeschichte des Trinkens und Betrinkens, Darmstadt 2006

Gorys, Erhard: Tschechische Republik. Kultur, Landschaft und Geschichte in Böhmen und Mähren, DuMont Kunst-Reiseführer, Köln 1994

Größing, Sigrid-Maria: Das Arzneimittelbuch der Philippine Welser. Eine kritische Untersuchung der Ambraser Handschrift, Phil. Diss. Salzburg 1992

dgl: Kaufmannstochter im Kaiserhaus. Philippine Welser und ihre Heilkunst, Himberg bei Wien 1992

dgl.: Amor im Hause Habsburg. Mit Porträts nach zeitgenössischen Gemälden und Photographien, Wien 1990

Grünsteudel, Günther u. a. (Hrsg.): Augsburger Stadtlexikon, Augsburg 1998 (online-version unter www. augsburger-stadtlexikon.de)
Haag, Sabine (Hrsg.): Schloss Ambras. Innsbruck, Wien 2013
Häberlein, Mark/Burkhardt, Johannes (Hrsg.): Die Welser. Neue Forschungen zur Geschichte und Kultur des oberdeutschen Handelshauses, Berlin 2002
Hirn, Joseph: Erzherzog Ferdinand II. von Tirol, Geschichte seiner Regierung und seiner Länder, 2 Bde., Innsbruck 1885, 1888
Dgl: Welser Sagen. Ein Beitrag zur Geschichte der Sagenbildung, Innsbruck 1889
Hoensch, Jörg K.: Geschichte Böhmens. Von der slavischen Landnahme bis zur Gegenwart, München 1997
Kenner, Friedrich: Leone Leoni's Medaillen für den kaiserlichen Hof, in: Jahrbuch der Kunsthistorischen Sammlungen des allerhöchsten Kaiserhauses, Bd. 13, Wien 1892
Kronbichler, Johann: Hofburg Brixen. Von der Residenz zum Museum, Regensburg 2010
Kühn, Joachim: Ehen zur linken Hand in der europäischen Geschichte, Stuttgart 1968
Laubach, Ernst: Ferdinand I. als Kaiser. Politik und Herrscherauffassung des Nachfolgers Karls V. , Münster 2001
Majoros, Ferenc/Rill, Bernd: Das Osmanische Reich (1300–1922). Die Geschichte einer Großmacht, Regensburg 1994
Montanari, Massimo: Der Hunger und der Überfluss. Kulturgeschichte der Ernährung in Europa, München 1993
Müller, Gernot Michael (Hrsg.): Humanismus und Renaissance in Augsburg. Kulturgeschichte einer Stadt zwischen Spätmittelalter und Dreißigjährigem Krieg, Berlin – New York 2010
Panzer, Marita A./Plößl, Elisabeth: Bavarias Töchter. Frauenportraits aus fünf Jahrhunderten, Regensburg 1997
Roeck, Bernd: Geschichte Augsburgs, München 2005
Scheicher, Elisabeth: Schloss Ambras, Innsbruck/Tirol, Schnell und Steiner Kunstführer Nr. 1228, München – Zürich 1981
Sigmund, Anna Maria: Das Haus Habsburg – Habsburgs Häuser. Wohnen und Leben einer Dynastie, Wien 1995
Trauchburg, Gabriele von: Häuser und Gärten Augsburger Patrizier, München – Berlin 2001
Vocelka, Karl: Österreichische Geschichte, München 2005
dgl.: Geschichte Österreichs. Kultur-Gesellschaft-Politik, Granz – Wien – Köln 2000
Weger, Tobias: Kleine Geschichte Prags, Regensburg 2011
Welser, Ludwig von: Die Welser. Des Freiherrn Johann Michael von Welser Nachrichten über die Familie für den Druck bearbeitet, 2 Bde., Nürnberg 1917
Westermann, Angelika/Welser, Stefanie von (Hrsg.): Neunhofer Dialog I: Einblicke in die Geschichte des Handelshauses der Welser, St. Katharinen 2009

Widmoser, Eduard: Philippine Welser, in: Götz von Pölnitz (Hrsg.): Lebensbilder aus dem Bayerischen Schwaben, Bd. 2 (Schwäbische Forschungsgemeinschaft bei der Kommission für Bayerische Landesgeschichte, R. 3, Bd. 3), München 1953, S. 227–245

Zorn, Wolfgang: Augsburg. Geschichte einer europäischen Stadt. Von den Anfängen bis zur Gegenwart, Augsburg 2001

Philipp I. „der Schöne“
Kg. v. Kastilien,
Erzhzg. v. Österreich
(1478–1506)
⚭ Johanna v. Kastilien

weitere Kinder

Karl V.
Ks. des Hl. Röm. Reichs
(1500–58)
⚭ Isabella v. Portugal

Ferdinand I.
Ks. des Hl. Röm. Reichs
(1503–64)
⚭ Anna v. Böhmen

Margarete
(1481–1552)
⚭ Konrad Peutinger

Christoph
(1480–1536)
Domprobst zu Regensburg

Regina
(1525/26–54)
⚭ Albrecht Liebsteinsky v. Kolowrat (1529–95)

PHILIPPINE WELSER
(1527–80)
⚭ **Ferdinand II.** –
Erzhzg. v. Österreich
(1529–95)

weitere Kinder

Maximilian II.
Ks. des Hl. Röm. Reichs
(1527–76)
⚭ Maria v. Spanien

Andreas
(1558–1600)
Kardinal

Karl
(1560–1618)
Markgf. v. Burgau
⚭ Sibylla v. Kleve

unehelich

Anna Elisabeth
(1588–1621)
⚭ Pietro de Ferrero

Karl
(1484–1628)
⚭ (1) Anna Katharina v
Waltenhofen
⚭ (2) Maria Jakobine v
Stotzingen